高丘过客

孤 独 者 鲁 迅

梁由之 著

辽宁人民出版社

1933年6月，中国民权保障同盟总干事杨铨在上海被国民党特务杀害。鲁迅作《悼杨铨》："岂有豪情似旧时，花开花落两由之。何期泪洒江南雨，又为斯民哭健儿。"

"回顾丛书"序

    约半年前，艾明秋女士来电，要我"再做点贡献"。小艾是辽宁人民出版社文史编辑室主任，也是我的第一本书《大汉开国谋士群》的责任编辑，我们的合作，非常愉快，进而"成为生活中的益友"（张立宪语）。

    对小艾的要求，我一向近乎有求必应。听她谈过初步构想后，觉得挺有意思，可以操作。今年初，辽宁人民出版社副总编辑张洪兄来电，进一步讨论、商定了相关细则。这便是"回顾丛书"的由来。

    "回顾丛书"拟每年出一辑，每辑6册左右。以经过时间和市场淘洗的旧书再版为主，新作为辅；以专著为主，文集为辅；以史为主，政治经济军事社会思想文学为辅。入选的各类书籍，都是我所感兴趣的，有料，有趣，有种。回顾的目的，当然是为了更好地前瞻、前行。

    太白诗：却顾所来径，苍苍横翠微。2008年初夏，收到首册样书时，欧洲杯激战方酣。去年秋天再版，新书出炉时，我正沿着318国道驱车前往珠峰大本营。此情此景，宛如昨日。我想，再过五年、十年，回过头来看这套"回顾丛书"，又会是什么心境呢？

是为序。

梁由之
夏历癸巳芒种后一日，
于深圳天海楼

小 引

　　一阵寒潮过后，岭南阳光灿烂，温暖如春。明天就要启程，自驾去云南过元旦，作跨年小休。而本书即将付印——这将是我的第十本书。

　　那么无论如何，这篇小引，今天该写就并交纳了。大抵只是说明一下，为什么以《高丘过客——孤独者鲁迅》作为新的书名。

　　鲁迅毕生深爱楚辞尤其是离骚，极其熟稔。他的诗作，与楚辞相关的，占了泰半。早年在日本留学时，许寿裳问他最喜欢哪几句，他脱口而出：

　　　　朝吾将济于白水兮，

　　　　登阆风而绁马。

　　　　忽反顾以流涕兮，

　　　　哀高丘之无女！

晚年鲁迅一度以为当代杰出女作家丁玲已被国民党当局杀害，作七绝《悼丁君》抗议强权，怀念逝者。结句是：

可怜无女耀高丘。

高丘，楚国高山。一说即巫山。亦可代指屈原和鲁迅皆怨怼又深爱的故国。

熟悉鲁迅的朋友应该都知道，他在北京住所老虎尾巴西壁悬挂的请乔大壮所书对联，他在《彷徨》卷首的题记，均出自离骚。

《过客》是鲁迅兴之所至偶然炮制的一个独幕小诗剧，结构简单，篇幅短小，言语隽永，意味深长。最初发表于 1925 年 3 月 9 日《语丝》周刊第 17 期，收入 1927 年 7 月由北京北新书局初版的散文诗集《野草》。剧中仅三个人物，老翁、女孩之外，便是过客。且看迅翁对后者的描述：

过客——约三四十岁，状态困顿倔强，眼光阴沉，黑须，乱发，黑色短衣裤皆破碎，赤足着破鞋，胁下挂一个口袋，支着等身的竹杖。

这不活脱脱是一幅自画像么?

我非常喜欢《过客》的思想、意境和文采,年轻时能够背诵。曾破例将其收入我策划主编的三卷本《梦想与路径:1911——2011百年文萃》,2012年11月商务印书馆初版。

《孤独者》是鲁迅的一个短篇小说,收入短篇小说集《彷徨》,1926年8月北京北新书局初版,此前不曾在报刊发表过。它跟收入同一部集子的另两个短篇《在酒楼上》和《伤逝》一样,是鲁迅自况意味极其浓厚强烈的小说,殆近于自传体片段。

至于《关于鲁迅》,是梁某所谓《百年五牛图》之首,却是"五牛"中最后动手和完成的。始发于天涯社区,约八万字。先后收入广西师范大学出版社2008年11月初版《百年五牛图》和上海三联书店2015年9月初版《锦瑟无端:十年自选集》。2016年9月,上海三联书店又将之单独成书为《孤独者鲁迅》。当时,我做了一次全面的修订增补,篇幅增至约十万字。

这回,辽宁人民出版社要出新版。基本未动,仅按出版方要求,作了少许删削。原书自序《前村无路凭君踏》和后记《欲说当年好困惑》均予保留,作为本书的两篇附录。该书内容、写作、发表和出版经过，我的考量和师友的观感，二文皆有述及，不妨参看。

感谢辽宁人民出版社的朋友们，尤其是该书出版统筹艾明秋和责任编辑娄甄两位女士。她们既是我第一本书《大汉开国谋士群》一、二版的责编，又是"回顾丛书"的具体合作伙伴。她们建议，将本书纳入"回顾丛书"，我欣然同意。

转眼一瞬间，小艾升任副总编辑已有好几年。这套丛书继续在做，有的加印过多次，有的出了新版。不紧不慢，不疾不徐。

2023 年 12 月 28 日深夜，
癸卯冬至后六日，
梁由之记于肇庆。

目　录

我并不自称为基督徒……

但我可以揭露这个事实，

即其他人比我更配不上这个称号。

——克尔凯郭尔（转引自汤姆特《克尔凯郭尔的宗教哲学》）——

世界上最有力量的人是最孤立的人！

——易卜生（《人民公敌》）——

孤伟自死，社会依然……

——鲁迅（《摩罗诗力说》）——

鲁迅像

岂有豪情似旧时

终于轮到鲁迅了。

梁某一向并不谦虚，自诩亦不乏大将风度。但事到临头，却依然有几分激动，几许惶恐。

以鲁迅为"百年五牛"之首，肯定不只是因为他年齿居长。读鲁迅本人及与其相关的各种著述，颇有年月，兴趣日增，却不曾专门写下过一个字。并不是没有想法，也不完全是一向忙而又懒的缘故，主要还是度德量力，不敢率尔操觚，唯恐佛头着粪。

年幼时即接触到鲁迅，但对他那副横眉冷对不招人爱的倔巴模样并不特别感冒。中学语文课本里面，每学期必有鲁迅，但老师段落大意、中心思想之类的归纳和阐发，只能令我无精打采昏昏欲睡。找连环画看（如《祝福》），又觉阴森惨淡，一点都不好玩。不怕各位见笑，我迄今未曾将《鲁迅全集》通读一过，甚至连大先生为数不多的短篇小说，也有几篇是硬着头皮才勉强卒读的。

也有若干篇什，自己读出了沛莫能御的滋味。如《从百草堂到三味书屋》《社戏》《记念刘和珍君》《为了忘却的记念》《论"费厄泼赖"应该缓行》等。这几乎成为我在语文课上除了文言文外唯一的食粮。一遍一遍地读，玩味那些复杂的长句，觉得它们如此曲折又如此明晰，节奏上也缓急得当，富有韵律之美，真是一字不能易。两篇纪念文字冷峻背后的沉痛，曾深深打动过我。而那些论战文章，我也非常喜欢，爱看他把针在绵里埋伏得那样漂亮，爱看他居高临下似笑非笑地调戏对手，也爱看他把深沉的愤怒控制得那样有力量。

随着年龄和阅历的增长，进入自由选择阶段后，对鲁迅作品的理解与热爱不断深化。尤其是 30 岁以后这几年，更对其人其文有了酣畅而痛切的体会。难怪侯德健唱道："三十以后才明白"。这个阶段，特别喜欢、反复阅读的，是《朝花夕拾》《野草》和他的书信。

林贤治指出："在亿万奴隶中间加进一个鲁迅，中国整个主权文化的构成格局是不一样的。这是一个比重很大的异类。"

汪曾祺说："鲁迅是个性格复杂的人。一方面，他是一个孤独、悲愤的斗士，同时又极富柔情。《故乡》《社戏》里有一种说不出来的惆怅和凄凉，如同秋水黄昏。"

惜草集团吟

我也还有记忆的，但是毫不整得很。我自己觉得我的记忆好像被刀刮过了的事情，

有时还留在身体上，有时是摔在水里？将水一搅，有些片还会翻腾，闪烁，然而

中间混有血块，连我自己也怕得两样行了，竟蒙家的眼目。是的，我是有这样好的。

把在有我洞州友要纪念草集团吟，也我自己也怕得两样行了，竟蒙说我的话。是的，我是有这样好的。

连我身外的小提一下，有有这样的东西末。

相是十多年前……我在北京大学做讲师，有一天，在教师预备室里遇见一个

经琴和瑚手……结绪共得要命的青年。这我是李霁野。有一天，在教师预备室里遇见一个

手里计画出病了。的八无而我玄记了那时的情景。况在留在记忆里的，空地已往坐在案头的一间小房

—43—

鲁迅只活了五十六岁。生前身后，他享受到了世俗罕见的殊荣，也蒙受了常人难以想象的攻击与诋毁。这个"横站的士兵"，由于种种原因，在迷离复杂的时代背景下，形象模糊，曲折多变，背离本质，以致不少人似懂非懂，人云亦云，不识庐山真面目。倒是鲁迅本人，生前对此已有预感。

写出自己心目中春温秋肃独步千古的鲁迅，是一个夙愿，更是一项艰巨的工程。现在，兵临城下，图穷匕见，撼大摧坚，无可闪避。

在下就要胡说鲁迅了。唐突西施、言不及义之处，在所不免，先生勿怪，看官勿笑。是所望焉。

身后是非谁管得

1936 年 10 月 19 日晨 5 点 25 分，鲁迅（1881.9.25—1936.10.19）在上海北四川路底施高塔路大陆新村 9 号寓所逝世。9 月 25 日，他刚刚度过自己的 55 岁生日。

18 年前的 1918 年 4 月，在友人的一再劝说下，国民政府教育部佥事、浙江绍兴人氏周树人写了他的第一部短篇小说，同时也是中国现代文学史的开山之作《狂人日记》，发表在 5 月出版的《新青年》第四卷第五号，首次署名鲁迅。"从此以后，便一发而不可收"，鲁迅就此迈入中国文坛和思想界的中心位置，留下了近 700 万字的皇皇著译。去世的前两天，他犹然笔耕不辍，写下名文《因太炎先生而想起的二三事》。

鲁迅之所以成为鲁迅，不是或不仅仅是由于他是所谓"文坛盟主""左翼领袖"，更重要的，是因为他是一个"荷戟独彷徨"于"无物之阵"的"横站的士兵"。

《新青年》是在现代思想史上产生了巨大影响的刊
物，周氏兄弟系重要作者。

鲁迅的一生，风波浩荡，斑斓多姿。仰慕追随者固然不计其数，从名公大贾直到引车卖浆者流，应有尽有，不胜枚举。

　　而他的论敌，也颇不乏重量级的名流学者、专家教授，如章士钊、顾颉刚、胡适、周作人、陈源、徐志摩、林语堂、梁实秋、郭沫若、成仿吾、沈从文、李四光、杜衡、吴宓、杨邨人、张资平、高长虹、周扬，等等。这个驳杂奇怪的超豪华阵容，亦复惊人。他们给鲁迅戴上种种帽子：学匪、双重反革命、伪善者、堕落文人、刻毒者、封建余孽、杂感家、买办、收受卢布者、变态者、堂吉诃德、法西斯蒂……要是换作他人，这些大佬一人吐一口唾沫，就足以把对方淹死。但不幸的是：这次他们遭逢的是鲁迅。

　　鲁迅是一个独立而巨大的存在。1936 年 10 月 19 日后，"他休息了"。名满天下，谤亦随之。身后是非谁管得？以下列举几家具有代表性的说法：

毛泽东

　　鲁迅是中国文化革命的主将，他不但是伟大的文学家，而且是伟大的思想家和伟大的革命家。鲁迅的骨头是最硬的，他没有丝毫的奴颜和媚骨，这是殖民地半殖民地人民最可宝贵的性格。鲁迅是在文化战线上，代表全民族的大多数，向着敌人冲锋陷阵的最正确、最勇敢、最坚决、最忠实、最热忱的空前的民族英雄。鲁迅的方向，就是中华民族新文化的方向。

毛泽东多次称鲁迅是中国现代"第一等圣人"，称鲁迅为"无产阶级文艺队伍的总司令"。

胡适

胡适的看法与毛泽东不同。这可以从周策纵的一封信中略见一斑：

合肥（安徽）大学等举办胡适思想国际研讨会。予因双目白内障手术，未克出席，小诗二首为祝：

风谊藏晖耀日星，相期同席浴遗馨；
即令白障重洋阻，故国遥看重典型。

"铮铮如铁自由身，鲁迅终为我辈人。"

四十三年前告我，一言万世定犹新。

五十年代中期胡先生曾告我："鲁迅是个自由主义者，决不会为外力所屈服，鲁迅是我们的人。"今言犹在耳，恍如昨日也。

周策纵

一九九九年己卯七月三十一日

于美国威斯康辛州之陌地生市之弃园，时年八十又三。

周作人

（鲁迅）工作的成就有大小，但无不有其独得之处，而其起因亦往往很是久远，其治学与创作的态度与别人颇多不同，我以为这是最可注意的事。

《会稽郡故书杂集》……叙文署名"会稽周作人记"，向来算是我的撰述，这是什么缘故呢？查书的时候我也曾帮过一点忙，不过这原是豫才的发意，其一切编排考订，写小引叙文，都是他所做的，起草以至誊清大约有三四遍，也全是自己抄写，到了付刊时却不愿出名，说写你的名字吧，这样便照办了，一直拖了二十余年。现在觉得应该说明了，因为这一件小事我以为很有点意义。这就是证明他做事全不为名誉，只是由于自己的爱好。这是求学问弄艺术的最高的态度，认得鲁迅的人平常所不大能够知道的。

……他为什么这样做的呢？并不如别人所说，因为言论激烈所以匿名，实在只如上文所说不求闻达，但求自由的想或写，不要学者文人的名，自然也更不为利，《新青年》是无报酬的，晨报副刊多不过一字一二厘罢了。以这种态度治学问或做创作，这才能够有独到之见，独创之才，有自己的成就，不问工作大小都有价值，与制艺异也。

鲁迅写小说散文又有一特点，为别人所不能及者，即对于中国民族的深刻的观察。……大约现代文人中对于中国民族抱着那样一片黑暗的悲观的难得有第二个人吧。

梁实秋

他的文字，简练而刻毒，作为零星的讽刺来看，是有其价值的。他的主要作品是一本又一本的杂感集。但是要作为一个文学家，单有一腹牢骚、一腔怨气是不够的，他必须要有一套积极的看法，纵然不必构成什么体系，至少也要有一个正面的主张。

不能单是谩骂，谩骂腐败对象，谩骂别人的改良主张，谩骂一切，而自己不提出正面的主张。而鲁迅最严重的短处，即在于是。

五四以来，新文艺的作者很多，而真有成就的并不多，像鲁迅这样的也还不多见。他可以有更可观的成就，可惜他一来死去太早，二来他没有健全的思想基础……一个文学家自然不能整天的吟风弄月，自然要睁开眼睛看看他的周围，自然要发泄他的胸中的积愤与块垒，但是，有一点颇为重要，他须要"沉静的观察人生，并观察人生的整体"（To see life steadily and see it whole.）。这一句话是英国批评家阿诺得（Matthew Arnold）批评英国人巢塞（Chaucer）时所说的话。他说巢塞没有能做到这一点，他对人生的观察是零星的局部的肤浅的。

　　我如果要批评鲁迅，我也要借用这一句名言。鲁迅的态度不够冷静，他感情用事的时候多，所以他立脚不稳，反对他的以及有计划地给他捧场的，都对他发生了不必要的影响。他有文学家应有的一支笔，但他没有文学家所应有的胸襟与心理准备。他写了不少的东西，态度只是一个偏激。

巴金

　　一九二六年八月我第一次来北京考大学，住在北河沿一家同兴公寓。我在北京患病，没有进考场，在公寓里住了半个月就走了。那时北海公园还没有开放，我也没有去过别的地方。在北京我只有两三个偶尔来闲谈的朋友，半个月中间始终陪伴我的就是一本《呐喊》。我早就读过了它，我在成都就读过在《新青年》杂志上发表的《狂人日记》和别的几篇小说。我并不是一次就读懂了它们。我是慢慢地学会了爱好它们的。这一次我更有机会熟读它们。在这苦闷

鲁迅第一本小说集《呐喊》。
1932 年 8 月北京新潮社出版，32
开。收 1918 年至 1922 年所作小
说 15 篇，封面为鲁迅自己设计。

寂寞的公寓生活中，正是他的小说安慰了我这个
失望的孩子的心。我第一次感到了、相信了艺
术的力量。以后的几年中间，我一直没有离开
过《呐喊》，我带着它走过好些地方，后来我又
得到了《彷徨》和散文诗集《野草》，更热爱地
读熟了它们。我至今还能够背出《伤逝》中的
几段文字。我有意识和无意识地学到了一点驾
驭文字的方法。现在想到我曾经写过好几本小
说的事，我就不得不感激这第一个使我明白应该
怎样驾驭文字的人。拿我这点微小不足道的成

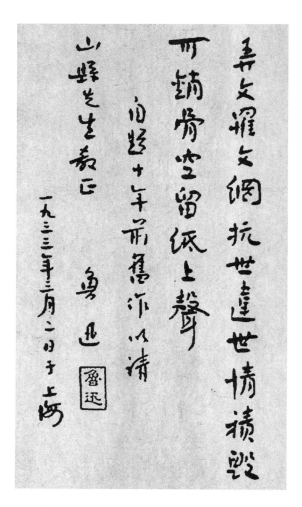

1933 年，鲁迅在《呐喊》扉页上题诗赠日本友人："弄文
罹文网，抗世违世情。积毁可销骨，空留纸上声。"

《彷徨》初版封面　　　　　　　　《野草》初版封面

绩来说，我实在不能称为他的学生。但是墙边
一棵小草的生长，也靠着太阳的恩泽。鲁迅先
生原是一个普照一切的太阳。不，他不止是一
个太阳，有时他还是一棵大树，就像眼前的树木
一样，这树木给我挡住了风沙，他也曾给无数的
年青人挡住了风沙。

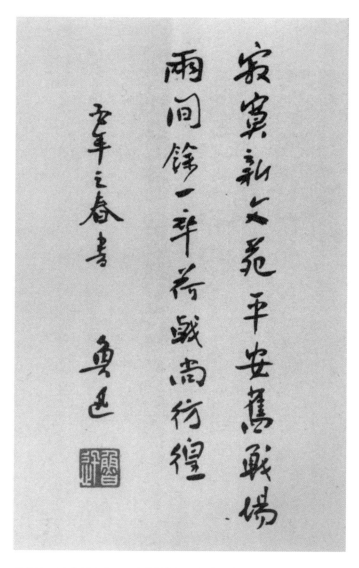

鲁迅诗："寂寞新文苑，平安旧战场，两间余一卒，荷戟尚彷徨。"

苏雪林

鲁迅之劣迹，吾人诚不能不呼之为玷辱士林之衣冠败类，二十四史儒林传所无之邪恶小人。方当宣其罪根，告诸天下后世，俾人人加以唾骂。

顺便说一句：这个在鲁迅生前对他敬服有加的"苏奶奶"（刘心武语）是反鲁派的急先锋。其"鞭尸大作"《与蔡子民先生论鲁迅书》《鲁迅传论》，实属天下奇文。端的不可不读也么哥。

胡兰成

我以为，周作人与鲁迅乃是一个人的两面……人们可以看出，两人的文字，对于人生的观点上，有许多地方是一致的，几乎不能分辨，但两人晚年相差的如此之远，就在于周作人是寻味人间，而鲁迅是生活于人间，有着更大的人生爱。

叶公超

新月派是鲁迅的宿敌。新月派中坚分子叶公超在鲁迅死后说：

> 骂他的人和被他骂的人实在没有一个在任何方面是与他等同的。

顾随

《译丛补》自携来之后，每晚灯下读之，觉大师精神面貌仍然奕奕如在目前。底页上那方印章，刀法之秀润，颜色之鲜明，也与十几年前读作者所著他书时所看见的一样。然而大师的墓上是已有宿草了。自古皆有死，在大师那样地努力过而死，大师虽未必（而且也决不）觉得满足，但是后一辈的我们，还能再向他作更奢的要求吗？想到这里，再环顾四周，真有说不出的悲哀与惭愧。

王朔

　　鲁迅对自己到底怎么看，大概我们永远不知道了，但有一点也许可以肯定，倘若鲁迅此刻从地下坐起来，第一个耳光自然扇给那些吃鲁迅饭的人脸上，第二个耳光就要扇给那些"活鲁迅""二鲁迅"们。

陈村

　　我不能不要脸到说自己和鲁迅的心是相通的……我不喜欢看到的是，鲁迅现在往往成了某种事情的由头，而不是事情本身。我看到的是，那么多的人要在鲁迅的身上做出或正或反的学问以求实现社会价值。我看到的是，话都没说顺又根本不读书的一些人也敢谩骂鲁迅。无畏的岂止无知者。

　　就说学术吧，我从来不觉得学术是一种彻底民主人人有份的东西。那种理论上的有份是空虚的。我能和爱因斯坦讨论广义或狭义相对论吗？我不配。我因为不配，于是找点 E 为什么要写成这样的三横一竖、等号为什么不划三条平行横线、你就不能不叫相对论我看是绝对论那样的问题去和他搅和吗？当年想和莫扎特善意非善意地讨论音乐或以为比他高明的先生大概大有人在，莫扎特应该停止作曲去搭理他们吗？从参与的可能来说，学术就是专制的，科学就是专制的，只有进了门槛才有论说的权利，要有本钱。它从不追求人人的参与，它在乎的是找到真理。尼采说过，世界上有伟大的人，也有鸡毛蒜皮的人。如果他指学术，讲得一点不错。

……

当代学人中，朱正、钱理群的鲁迅研究比较深入客观，对人们重新认识鲁迅多有助益。林贤治卓有建树，但不无偏激。汪晖、郜元宝、王彬彬、王乾坤等也各有千秋。

而对鲁迅的诸种非议也一直如影随形不绝于耳。其中，几个山西作家较具代表性。

"专业作家"韩石山穷则思变，改换面目干上了"酷评家"。别说，这一招还真灵光，老韩五花八门的"蛋"又开始下得倍儿顺溜。

最新的一枚取了一个貌似不甚亨通的书名：《少不读鲁迅，老不读胡适》。封面的广告词是："新文化运动以来对鲁迅最不认同的声音。"我在书城翻了翻，哑然失笑。

韩石山写道：

> 我们只能说，鲁迅是个会做文章的人，至于道理，怕难以令人服气。

梁某认为：韩石山文章是否通顺另说，至于道理，未免令人喷饭。

姑举其一条"心解"，以概其余：

> 鲁迅为什么不喜欢徐志摩那样的人呢？是徐志摩的性格、做派，还有他那种虽说痛苦，却十分美好的婚恋生活，都让鲁迅看着心里不舒服。

这真是异常大胆的假设。

那我要问对女性美颇有研究的韩石山：鲁迅生前一直与郁达夫、王映霞夫妇相处甚好，关系密切。"富春江上神仙侣"，郁、王男才女貌，当时被目为神仙眷属，王映霞的美丽更是天下知闻。这又该作何解释呢？莫非是鲁迅这个老不尊竟觊觎王的美貌，明修暗度？

严谨深刻的鲁迅对随意浪漫的郁达夫的"性格、做派"，恐怕也不会很欣赏。但这两个脾气不小、自视甚高

郁达夫及其手迹："曾因酒醉鞭名马，生怕情多累美人。"

王映霞及其晚年手书鲁迅赠郁达夫诗。

的浙江人为什么能求同存异，成为很好的朋友？很简单：主要是两人俱为性情中人，惺惺相惜。

韩石山的高见，不由使人想起方舟子的一篇著名网文：《淫者见淫》。淫者见淫，千真万确。鲁迅在论及《红楼梦》时，早就表达过近似的意思。老韩开宗明义："研究鲁迅，对我来说是一次学术训练。"这又使我忆及陈寅恪先生的雅谑："乃以明清放浪之才人，而谈商周邃古之朴学。"不觉莞尔。端的羞煞人也么哥。

至于谢泳，则是另一种情况。谢泳编了一本书：《胡适还是鲁迅》，里面收了六篇他自己的文章，内容则颇见重复。

这个书名就有问题。中国本土可资利用的思想资源刻下本来就非常有限，何必还要人为地画地为牢非此即彼？鲁迅、胡适难道没有交叉点和互补性？他们果真是那么针锋相对势不两立？兼容并包可不可以？《胡适与鲁迅》行不行？

不知为何不收雷池月《主义之不存，遑论乎传统》。建议有兴趣的朋友不妨仔细读读李庆西的《何谓"自由主义知识分子"》一文。

可惜一直没见谢泳的正面回应。

印象中谢泳应该是个比较客观、冷静的有心人，对他的工作和文章，我曾经比较尊重和欣赏，并多次向朋友推荐。令我不解的是，每当论及鲁迅，谢泳就表现出出格的偏执。谢泳对鲁迅不以为然，对胡适则敬服无已。如上所引，周策纵曾亲聆晚年胡适评论鲁迅。适之先生说："鲁迅是个自由主义者，决不会为外力所屈服，鲁迅是我们的人。"

这才见识力和气度。前辈风范，真不可及。

谢泳排击鲁迅推崇胡适，但不知为何对兹事体大的"夫子晚年定论"忽然选择性失明了。

鲁迅生前明确指出：

> 如果孔丘，释迦，耶稣基督还活着，那些教徒难免要恐慌。对于他们的行为，真不知道教主先生要怎样慨叹。
>
> 所以，如果活着，只得迫害他。待到伟大的人物成为化石，人们都称他伟人时，他已经变了傀儡了。

又说：

> 文人的遭殃，不在生前的被攻击和被冷落，一瞑之后，言行两忘，于是无聊之徒，谬托知己，是非蜂起，既以自炫，又以卖钱，连死尸也

成了沽名获利之具，这倒是值得悲哀的。

其实这移用作为胡适的夫子自道，同样完全可以成立。不知谢泳对这些预见性极强的箴言有何观感？

谢泳近年思想没有突破，以吃老本居多。破例成为教授后，忽然变得心平气和，大谈他本来所知不多也并不擅长的"学术"。这是个很有趣的现象，值得识者深思。

罗稷南与毛泽东的沪上问答见报后，谢泳曾作过大胆的假设，力辩其事子虚乌有。可惜求证不够小心，当黄宗英以亲历者的身份在《南方周末》撰文坐实确定无疑后，他就只能沉默了。

1949 年以前，"自由主义知识分子"折腾了几十年，一事无成，作鸟兽散，原因不一而足，其中，鲁迅的缺位乃至错位不容忽视。

时隔多年，眼下，"自由主义知识分子"又沉渣泛起。如果连一个鲁迅都容不下，甚至视友为敌，那么我可以断言：他们仍将一事无成，作鸟兽散。

在一个"告别革命"的年代，分清敌人与朋友，依然是革命的首要问题——即便只是"书斋里的革命"！

1927 年 11 月 16 日，鲁迅前往光华大学讲演会场。

老归大泽菰蒲尽

毋庸讳言，在鲁迅生命的最后六年间，他的思想明显"左"倾，在某种意义上成为中国共产党的同路人，这是不争的事实。在此期间，他阅读、翻译了大量马列主义文艺理论和苏联文学著作，一度对苏联寄予厚望，写过不止一篇热情讴歌苏联的文字，以为它代表了人类未来的发展方向。

但鲁迅毕竟是鲁迅。作为一个独立的思考者，冷峻的观察者，深刻的怀疑者，彻底的悲观者，他对一切过于美妙的事物和期许几乎是本能地难以信任。他怀疑对于"黄金世界"的种种许诺和向往，明确反对预设一个最高目标，更对为虚幻的未来而舍弃此生幸福相当不以为然。

鲁迅曾为这一重要思想言之再四。他借阿尔志跋绥夫小说人物的口说：

你们将黄金世界预约给他们的子孙了，可是有什么给他们自己呢？

在给许广平的信中，他写道：

我疑心将来的黄金世界里，也会有将叛徒处死刑。

在《野草·影的告别》中，他说：

有我所不乐意的在天堂，我不愿去；有我所不乐意的在地狱，我不愿去；有我所不乐意的在你们将来的黄金世界里，我不愿去。

所谓"黄金世界"，可以看作是"终极理想"的另一种说法。

正因为如此，他才能同流而不合污，能入而又能出，在众人陶然沉醉时保留了一份坚定的自我，不被喧嚣一时的时代大潮裹挟而去，而只是在衣衫上溅上了几朵浪花。

我认为，所谓独立精神、自由思想，在"五四"一代知识分子中，只有在鲁迅身上（也许还可加上陈独秀），才得到了最为充分、淋漓尽致的展现。

1930 年 3 月 2 日，在共产党推动掌控下，以创造社、太阳社和鲁迅及其影响下的作家这三方面的人士为基础，"中国左翼作家联盟"正式宣告成立，鲁迅成为形式上的左联盟主。5 月 7 日，由冯雪峰陪同，他应约在上海爵禄饭店会见了中共当时的领导人李立三，但断然拒绝了李要他写文章公开斥骂蒋介石的要求。1933 年 1 月 17 日，鲁迅参加"中国民权保障同盟"成立大会，并被推举为执行委员。这个组织有共产国际背景。中共把鲁迅当成同路人，并不完全是单相思。"鲁总司令"一说，倒也算是其来有自。

　　鲁迅与中共并无多少直接关系，主要是通过两个中共文化事业的地下领导人——冯雪峰和周扬——来作为中间人得以体现。那么，他们与鲁迅的关系，又如何呢？

　　鲁迅对周扬的厌恶和轻蔑，在其所有论敌中，如果不排第一，起码也算是相当突出的。

　　冯雪峰与鲁迅关系相对比较好。但我注意到一个很有意思的细节：

　　1936 年夏秋，鲁迅病重，体重仅为 38.7 公斤，亟须静养。可是树欲静而风不止，"国防一派争曾烈，鲁迅先生病正危"（聂绀弩诗），周扬等人挑起两个口号之争，徐懋庸"更是雄赳赳打上门来"，以鲁迅的战斗性，势必予以有力的反击。争奈病体难支，有几封信只得口授，由冯雪峰执笔完成，鲁迅再修改定稿。

有一天，胡风在鲁迅面前称赞冯雪峰代笔很像鲁迅的文风。鲁迅淡淡一笑：像吗？我看是没一点相像。

"既懂政治，又懂文艺"、与鲁迅最为投契的中共领袖，当数瞿秋白，鲁迅甚至以平生知己许之。但据冯雪峰说，瞿秋白在上海领导左翼文艺，是出于他的个人爱好，而非党的指派。瞿果然很快就被"指派"离开上海，去了江西苏区。红军长征，秋白不获从军，在福建长汀被国民党军队捕杀，留下千古奇文《多余的话》。

1936 年 8 月 1 日，徐懋庸奉命向鲁迅下了战书。其中说：

> 但我要告诉先生，这是先生对于现在的基本政策没有了解之故。

鲁迅 1936 年 5 月 2 日曾致信徐懋庸：

> 集体（按：指左联）要解散，我是听到了的，此后即无下文，亦无通知，似乎守着秘密。这也有必要。但这是同人所决定，还是别人参加了意见呢，倘是前者，是解散，若是后者，那是溃散。这并不很小的关系，我确是一无所闻。

......好在现在旧团体已不存在，新的呢，我没有加入，不再会因我而引起一点纠纷。我希望这已是我最后的一封信，旧公事全都从此结束了。

1936 年 10 月 5 日，鲁迅致沈雁冰信中说：

"顾问"之列，我不愿加入，因为先前为了这一类职衔，吃苦不少，而且甚至于由此发生事端，所以现在要回避了。

夏济安说：

鲁迅面临的问题远比他的同时代人复杂得多，剧烈得多。从这个意义上说，他正是他那一时代的论冲突、渴望的最真实的代表，认为他与某个运动完全一致，把他指派为一个角色或使他从属于一个方面，都是夸大历史上的抽象观念而牺牲了个人的天才。

这是很有眼力的持平之论。

鲁迅是孤独的，独立的。他只属于他自己。

鲁迅晚年诗作中一再慨叹：

深宵沉醉起，无处觅菰蒲。
……

老归大泽菰蒲尽，梦坠空云齿发寒。
……

年华已老，漫无依归，举首茫然，周身寒彻。

这才是真实的鲁迅。

怒向刀丛觅小诗

尼采说:"在一切作品中,我独爱以血书写者。"

鲁迅自青年时代起,就立志"我以我血荐轩辕"。他的出色作品实在太多,不胜枚举;即令如此,《记念刘和珍君》和《为了忘却的记念》仍是其中相当惹眼和突出的两篇:它们不是用笔墨,而是先生用自己的血和泪为自己的青年朋友凝写成的不朽篇章。

1926年3月18日上午,北京各界群众向北洋军阀政府请愿,段祺瑞政府卫队居然开枪屠杀手无寸铁的和平请愿者,死伤达三百多人,四十余青年被害。其中有鲁迅在北京女子师范大学的学生刘和珍、杨德群。

鲁迅称3月18日为"民国以来最黑暗的一天"。

据许羡苏回忆:

过了三天,我去看鲁迅先生,他母亲对我

说:"许小姐,大先生这几天气得饭也不吃,话也不说。"几天以后,他才悲痛地说了一句:"刘和珍是我的学生!"就这样,鲁迅先生气病了。

李霁野说:

> 我从未见到先生那样悲痛,那样愤激过。他再三提到刘和珍死难时的惨状,并且说非有彻底巨大的变革,中华民族是没有出路的。他恨透了残酷反动的军阀统治,他知道那样的社会不是枝枝节节可以改好的。

3月25日上午,鲁迅到女师大参加刘和珍、杨德群追悼会。会前,他悲愤苦闷,独自长时间在礼堂外徘徊。学生程毅志看到后前来问道:"先生可曾为刘和珍写了一点什么没有?"鲁迅回答:"没有。"程毅志说:"先生还是写一点罢,刘和珍生前就很爱看先生的文章。"

五天之后的4月1日,鲁迅写下了情文并茂,血泪交迸,意气昂愤,感人至深的《记念刘和珍君》。鲁迅写道:

> 我只觉得所住的并非人间。四十多个青年

的血，洋溢在我的周围，使我艰于呼吸视听，那里还能有什么言语？长歌当哭，是必须在痛定之后的。而此后几个所谓学者文人的阴险的论调，尤使我觉得悲哀。我已经出离愤怒了。我将深味这人间的浓黑的悲凉；以我的最大哀痛显示于非人间，使它们快意于我的苦痛，就将这作为后死者的菲薄的祭品，奉献于逝者的灵前。

真的猛士，敢于直面惨淡的人生，敢于正视淋漓的鲜血。这是怎样的哀痛者和幸福者？然而造化又常常为庸人设计，以时间的流驶，来洗涤旧迹，仅使留下淡红的血色和微漠的悲哀。在这淡红的血色和微漠的悲哀中，又给人暂得偷生，维持着这似人非人的世界。我不知道这样的世界何时是一个尽头！

……

在四十余被害的青年之中，刘和珍君是我的学生。学生云者，我向来这样想，这样说，现在却觉得有些踌躇了，我应该对她奉献我的悲哀与尊敬。她不是"苟活到现在的我"的学生，是为了中国而死的中国的青年。

……

我向来是不惮以最坏的恶意，来推测中国人

的，然而我还不料，也不信竟会下劣凶残到这地步。况且始终微笑着的和蔼的刘和珍君，更何至于无端在府门前喋血呢？

然而即日证明是事实了，作证的便是她自己的尸骸。还有一具，是杨德群君的。而且又证明着这不但是杀害，简直是虐杀，因为身体上还有棍棒的伤痕。

但段政府就有令，说她们是"暴徒"！但接着就有流言，说她们是受人利用的。

惨象，已使我目不忍视了；流言，尤使我耳不忍闻。我还有什么话可说呢？我懂得衰亡民族之所以默无声息的缘由了。沉默呵，沉默呵！不在沉默中爆发，就在沉默中灭亡。

……

我已经说过：我向来是不惮以最坏的恶意来推测中国人的。但这回却很有几点出于我的意外。一是当局者竟会这样地凶残，一是流言家竟至如此之下劣，一是中国的女性临难竟能如是之从容。

……

苟活者在淡红的血色中，会依稀看见微茫的希望；真的猛士，将更奋然而前行。

呜呼，我说不出话，但以此记念刘和珍君！

这是现代哀悼文章中少见的杰作。

1931 年 1 月 17 日，与鲁迅关系密切的青年作家柔石被捕。2 月 7 日深夜，二十四位革命者（绝大多数是青年，其中包括柔石、殷夫等五名青年左翼作家）被国民党活埋或枪杀于上海龙华警备司令部。当局严密封锁，严禁报刊透露柔石等人被害的消息。鲁迅等人营救无效，想尽一切办法，甚至贿赂了行刑的刽子手，才打听到确切消息。

当时风声很紧。1 月 20 日至 2 月 28 日，鲁迅全家避居花园庄旅店前后达三十九天。避难期间，在确认柔石遇难的一个深夜，鲁迅吸着烟，独自在旅店的院子里走来走去，心情沉痛，悲愤交加，吟成了他最好的诗作之一《七律·无题》：

> 惯于长夜过春时，挈妇将雏鬓有丝。
> 梦里依稀慈母泪，城头变幻大王旗。
> 忍看朋辈成新鬼，怒向刀丛觅小诗。
> 吟罢低眉无写处，月光如水照缁衣。

鲁迅对柔石一直不能忘怀。整整两年后的 1933 年 2 月 7 日午夜，终于写成七千余字的长文《为了忘却的记

为了忘却的記念

我早已想寫一點文字，来記念幾個青年的作家。這並非为了別的，只因为兩年以来，悲憤總時時来襲擊我的心，至今沒有停止，我很想藉此算是竦身一搖，將悲哀擺脫，給自己輕鬆一下，照直說，就是我倒要將他們忘却了。

兩年前的此時，即一九三一年的二月七日夜或八日晨，是我們的五個青年作家同時遇害的時候。當時上海的報章都不敢載這件事，或者也許是不願，或不屑載這伴事，只在「文藝新聞」上有一點隱約其辭的文章。那第十一期（五月二十五日）裏，有一篇林莽先生作的「白莽印象記」，中間說：

他做了好些詩，又譯過匈牙利詩人彼得斐的幾首詩，當時的「奔流」

《为了忘却的记念》手稿。 此乃鲁迅为纪念柔石等五烈士殉难两周年而作。

惯于长夜过春时，挈妇将雏鬓有丝。梦里依稀慈母泪，城头变幻大王旗。忍看朋辈成新鬼，怒向刀丛觅小诗。吟罢低眉无写处，月光如水照缁衣

辛年春作录呈

李市兄教正

鲁迅

五位青年作家被害后，鲁迅于避难中作此诗："惯于长夜过春时，挈妇将雏鬓有丝。梦里依稀慈母泪，城头变幻大王旗。忍看朋辈成新鬼，怒向刀丛觅小诗。吟罢低眉无写处，月光如水照缁衣。"

念》。同日，鲁迅在日记中写道：

> 下午雨。柔石于前年是夜遇害，作文以为记念。

这才算松了一口气。鲁迅写道：

> 我早已想写一点文字，来记念几个青年的作家。这并非为了别的，只因为两年以来，悲愤总时时来袭击我的心，至今没有停止，我很想借此算是竦身一摇，将悲哀摆脱，给自己轻松一下，照直说，就是我倒要将他们忘却了。
>
> ……
>
> 我的决不邀投稿者相见，其实也并不完全因为谦虚，其中含着省事的分子也不少。由于历来的经验，我知道青年们，尤其是文学青年们，十之九是感觉很敏，自尊心也很旺盛的，一不小心，极容易得到误解，所以倒是故意回避的时候多。见面尚且怕，更不必说敢有托付了。但那时我在上海，也有一个唯一的不但敢于随便谈笑，而且还敢于托他办点私事的人，那就是送书去给白莽的柔石。

……

无论从旧道德，从新道德，只要是损己利人的，他就挑选上，自己背起来。

……

在一个深夜里，我站在客栈的院子中，周围是堆着的破烂的什物；人们都睡觉了，连我的女人和孩子。我沉重的感到我失掉了很好的朋友，中国失掉了很好的青年……

前年的今日，我避在客栈里，他们却是走向刑场了；去年的今日，我在炮声中逃在英租界，他们则早已埋在不知那里的地下了；今年的今日，我才坐在旧寓里，人们都睡觉了，连我的女人和孩子。我又沉重的感到我失掉了很好的朋友，中国失掉了很好的青年，我在悲愤中沉静下去了，不料积习又从沉静中抬起头来，写下了以上那些字。

要写下去，在中国的现在，还是没有写处的。年青时读向子期《思旧赋》，很怪他为什么只有寥寥的几行，刚开头却又煞了尾。然而，现在我懂得了。

不是年青的为年老的写记念，而在这三十年中，却使我目睹许多青年的血，层层淤积起来，将我埋得不能呼吸，我只能用这样的笔墨，写几句文章，算是从泥土中挖一个小孔，自己延口残喘，这是怎样的世界呢。夜正长，路也正长，我不如忘却，不说的好罢。但我知道，即使不是我，将来总会有记起他们，再说他们的时候的。……

这篇文章与《记念刘和珍君》遥相呼应，堪称双璧；但更加苍凉激楚，余味无穷。杜少陵所谓"庾信文章老更成，凌云健笔意纵横"，此之谓欤？

顺便说一句：柔石身上中了十颗子弹。

写有《二月》《三姐妹》《为奴隶的母亲》的柔石，鲁迅在上海"唯一的不但敢于随便谈笑，而且还敢于托他办点私事"的柔石，二十九岁的柔石，身上中了十颗子弹！

鲁迅后来在给颜黎民的信中说：

……看桃花的名所，是龙华，也有屠场，我有好几个青年朋友就死在那里面，所以我是不去的。

鲁迅为培养青年倾注了无数心血。他对青年的帮助和教育，从政治到生活，从思想到艺术，只要力所能及，无不尽力而为。

单说文艺青年吧，许钦文、台静农、李霁野、韦素园、韦丛芜、曹靖华、高长虹、向培良、艾芜、沙汀、叶永蓁、张天翼、巴金、黄源、徐懋庸、徐诗荃、冯雪峰、丁玲、聂绀弩、胡风、柔石、叶紫、萧军、萧红……未名社、莽原社、沉钟社的成员，一大批青年木刻家……多少有为青年直接吸吮过大先生的乳汁、承受过他的恩惠啊！

鲁迅为他们审阅、修改文稿，介绍发表，推荐出版，撰写序言，甚至亲自参与封面设计、装帧校对等具体事项。他为此花费了无数精力、时间和心血。

1934 年 10 月 21 日，鲁迅致信叶紫，指出他的小说《夜哨线》"有好的地方，也有不好的地方"，再具体说明好与不好各在哪里，最后提出修改意见："我看这很容易补救，只要反过来，以写事件为主，而不以赵公为主要角色，就行。那办法，是将第一段中描写及解释赵得胜的文章，再缩短一些，就是减少竭力在写他个人的痕迹，便好。不过所谓的'减少'，是减少字数，也就是用几句较简的话，来包括了几行的原文。"具体细致。

1935 年 11 月 16 日，他在致萧军、萧红的信中说："那序文上，有一句'叙事写景，胜于描写人物'，也并不是好话，也可以解作描写人物并不怎么好。因为做序

萧红和她的成名作《生死场》，鲁迅作序。

文，也要顾及销路，所以只得说的弯曲一点。"体贴入微。

　　1936 年 2 月 17 日致信孟十还："从三郎太太口头，知道你颇喜欢精印本《引玉集》，大有'爱不释手'之概。尝闻'红粉赠佳人，宝剑赠壮士'，那么，好书当然该赠书呆子。寓里尚有一本，现在持以奉赠，作为'孟氏藏书'，待到五十世纪，定与拙译《死魂灵》，都成为希世之宝也。"亲切风趣。

　　……

　　也有一些青年，因种种原因，与鲁迅反目，如高长虹、

《死魂灵》。长篇小说，俄国作家果戈里著，鲁迅译。1935年11月上海文化生活出版社出版。

向培良、徐懋庸等。结果给双方都带来不小的伤害。这不仅仅是鲁迅的不幸。

孙犁晚年用极罕见的深情写道：

鲁迅是真正的一代文宗。"人谁不爱先生？"是徐懋庸写给鲁迅的那封著名信中的一句话，我一直记得。这是三十年代，青年人的一种心声。

书，一经鲁迅作序，便不胫而走；文章，一经他入选，便有了定评，能进文学史；名字，一在他著作中出现，不管声誉好坏，便万古长存。鲁门，是真正的龙门。上溯下延，几个时代，找不到能与他比肩的人。梁启超、章太炎、胡适，都不行。

风波浩荡足行吟

　　胡适位高名重，著述等身，但不注意积蓄，晚年旅居美国时曾一度生活困窘。由是他多次劝后学唐德刚趁早多攒些钱。老舍直言："钱是人的胆子。"

　　鲁迅对经济问题有切肤之痛，对钱非常在意和敏感，认识也更为清晰、深刻。别的且不说，厚厚一部《鲁迅日记》，除了略记亲朋酬酢及书信往来，基本上就都是书账、钱账。

　　鲁迅说：

　　　梦是好的；否则，钱是要紧的。

　　　钱这个字很难听，或者要被高尚的君子们所非笑，但我总觉得人们的议论是不但昨天和今天，即使饭前和饭后，也往往有些差别。凡承认饭需钱买，而以说钱为卑鄙者，倘能按一按他的胃，那里面怕总还有鱼肉没有消化完，须得饿他一天之后，再来听他发议论。

　　钱，——高雅的说罢，就是经济，是最要紧的了。自由固不是钱所能买到的，但能够为钱而卖掉。人类有一个大缺点，就是常常要饥饿。为补救这缺点起见，为准备不做傀儡起见，在目下的社会里，经济权就见得最要紧了。

　　从少年时代起，鲁迅前半生一直为钱所困。上面那番话是他1923年12月26日在北京女高师的一次讲演中说的。当时，他已是名满天下的大作家，又当着不大不小、待遇尚可的官，还在好几所大学兼课，收入是颇为可观的。但他不唯阮囊羞涩，而且经常举债度日。

　　这是什么原因呢？

　　1919年，费尽移山心力，连故乡绍兴的祖宅都卖掉了，鲁迅终于将周氏老老少少一大家人全都接到了北京。终于可以奉养慈母，承欢膝下；两个弟弟也各安其职，二弟作人更是出任名校教授，余暇为文，名动中外，影响之大，风头之劲，直可与其兄并驾齐驱；八道湾的"菟裘"也营造得像模像样，令人称羡。似乎能够从此过上舒心的好日子了。

　　然而好景不长。1923年7月19日，羽翼已丰的周作人断然与鲁迅绝交。随后，大哥被扫地出门，八道湾的大宅院没他什么事了。这当头一棒砸得鲁迅眼前金星闪烁却又有苦难言。一切只得从头再来。

租房。买房。供养母亲、妻子。接济三弟建人。帮助学生和青年。应付各式各样的论敌和挑战。几次大病。——嗣后两年，也许是鲁迅平生最为苦闷的时期，直到许广平出现，事情才算是有了变化。

1926年8月26日，鲁迅与许广平一起乘火车离开北京到达上海。随后，按预先约定，鲁迅转海轮去厦门大学任教，许广平则到广州工作。鲁迅在厦大时间不长，心情也并不是很愉快，但在写作上成绩斐然，收入亦不菲。他在北京的负债，正是到厦门后才渐次全部偿清的。次年1月18日，鲁迅离厦门经香港抵广州，担任中山大学文学系主任兼教务长。广州四一五事变后，他尽力营救被捕学生，并辞去在中大的一切职务，以示抗议。

1927年10月3日，鲁迅携许广平抵达上海，两人正式同居。此后的9年，尽管兀自风雨如晦，剑拔弩张，但却是鲁迅平生在生活上最为优裕、心态上最为从容、收入上最为稳定、经济上最为宽松的一个时期，他着实享受了一把尘世的幸福。他依旧愤怒、论战，但也常常下馆子、看电影；高兴时就洗洗脚。他们租住的房子，大致相当于刻下所谓"高尚社区"的"复式单位"，有上下水道和煤气等现代化设备。而且几度搬迁，越搬越高档。家中有专职女仆。

一些论者过于强调了鲁迅离开北京时的失落和惶恐，这实在是皮相之见。至于鲁迅自己，这个"世故老人"，也有意无意间总是摆出一副哀兵之态。其实，这在相当程度上只是一种烟幕罢了。

鲁迅何人？此翁"十分精细"（许广平语）。他南下由厦门而广州而至上海长期居留，是经过精心算计、胸有成竹、有恃无恐的。如果没有经济上的保障，与许广平一起开创新生活，对他而言，是不可想象的。大家细看他热恋时冰冷的名作《伤逝》，就不难明白其中道理。

在厦门大学，鲁迅月薪 400 元，大约相当于现在的 15000 元。在中山大学，月薪 500 元——都比在北京时丰厚，而且发放及时足额，开支则要少得多。

初到上海，鲁迅再次得到了蔡元培的鼎力襄助。蔡先生推荐鲁迅为"大学院"特约撰述员，月薪 300元。从 1927 年 12 月到 1931 年 12 月，定期足额支付达四十九个月之久，折合当时的黄金约 490 两。领高额干薪而可以不做任何事情，这等打着灯笼也难找的好事，居然让苦了大半辈子的鲁迅摊上了一回，真是何幸如之。这无疑是一个及时而巨大的奥援。1932 年初，大学院改组为教育部，新任部长朱家骅以"绝无成绩"断了鲁迅的

鲁迅到达上海后，与许广平建立家庭。这是他们与周建人（前排左）、孙伏园（后排右）、林语堂（后排中）、孙福熙（后排左）的合影。1927年10月4日摄。

这份财路，鲁迅平生绝无仅有的尸位素餐宣告结束，好在这时他已经不缺这点银两了。

鲁迅在上海，除领了"大学院"几年干薪、在报刊发表文章领取相对高额的稿酬外，与他合作多年的北新书局一开始每月支付给他版税及《奔流》杂志编辑费各 100元。北新书局的老板是鲁迅在北大时的学生李小峰，此公暗暗克扣了鲁迅著作的大量版税。鲁迅发现后，不动声色，暗中觅得若干无可争辩的证据后，在 1929 年通过律师杨铿为自己讨回了公道，索回应得版税 20000 余元——这笔钱相当于鲁迅全部著述稿酬的五分之二，或者他一生全部收入的近五分之一！

梁某服膺鲁迅，除了他独立、自由、深邃、明察、下笔如有神之外，还佩服他很会打官司。

鲁迅打过两次官司。一次是大张旗鼓、痛快淋漓地与上司兼论敌"老虎总长"章士钊打，打出了威风，讨回了自己"不算区区"的职位，他赢了。另一次则是"关起门来谈判"，秘而不宣、悄无声息地与学生兼书商李小峰打，打出了实利，讨回了自己该得的钱；鲁迅有利、有理、有节、有度，在保证自己合法权益的前提下，并不过为己甚，也为对方留足面子和余地，因此双方并未撕破脸面，此后仍然保持合作并未再发生类似问题。

鲁迅靠自己的一支笔，过上了有尊严的体面生活，广有布施，达到了相当的自由度，几乎可以言所欲言，为所欲为。 阅读、理解鲁迅而不注意其经济状况，难免似是而非、不得要领的。

在上海景云里寓所。1928 年 3 月 16 日摄。

送客逢春可自由

　　三十年河东三十年河西。一度风流云散臭不可闻的自由主义、自由主义者现在又走俏起来，炙手可热，甚嚣尘上。

　　那么，在现代中国，鲁迅与自由主义和以胡适为精神领袖的自由主义者之间，究竟是什么关系呢?

　　有人认为鲁迅才是真正的自由主义者，也有人不同意这种说法。

　　还有几个将自由主义口号叫得最响的先生见解很特别：他们认为鲁迅是专制思想的源头，是自由主义的大敌，甚至鲁迅用过很多笔名，也成了罪过和他不如胡适的证据。这些人一般都在体制内吃饱了混天黑，对现实社会的态度相当暧昧，却对鲁迅当年深恶痛绝的社会现实推崇、赞叹、抚摸、陶醉，几乎将之当成了自由的黄金世界，给人的印象是他们简直以没能躬逢其盛而深感遗憾。这些人一般都自称是胡适的信徒，并认为胡适还是鲁迅，非此即彼，势不两立。

然则事实又如何呢？

1929年5月11日，胡适致信《评论报》主编刘大钧，坚辞该报"名誉编辑"。这家报纸创刊时，拉大旗作虎皮，擅自将胡适列为名誉编辑。胡适本来打算抗议否认，但考虑到刘大钧是个小有名气的学者，估计他不至于有什么不好的动机和作为，一向乐于成人之美的胡博士也就默认了。后来，《评论报》社评居然出现了这样绝对主旋律、与国民党中央保持高度一致的文字："在总的原则上，政府一直是承认言论自由的。"胡适忍无可忍，他说："我读了这样的话以后，还有脸做《评论报》的名誉编辑吗？""官办的报纸并不是不可办，但用不着我们来捧场。"

1930年，陈寅恪诗云："自由共道文人笔，最是文人不自由。"

1931年，鲁迅作诗悼念柔石，劈头就是："惯于长夜过春时……"大好春光，暗无天日。1933年，他更是干脆将自己一本杂文集命名为《伪自由书》。

……

1934年9月15日，年轻学人中的翘楚张荫麟在《大公报》撰文，高度赞赏鲁迅的人格和文字。他写道：

（鲁迅）可以算得当今国内最富于人性的文人了。……我所指的，是那种见着光明峻美敢于尽情赞叹，见着丑恶黑暗敢于尽情诅咒的人，是那种堂堂赳赳，贫贱不能转移，威武不能屈服的人。像这样的人，也许不少，但缺乏的是周先生笔下的技巧和力量。

我想，周先生本来可作"吾道中人"。古董，他是好玩的。他的《中国小说史略》已成了一部标准的著作。只要他肯略为守雌守默，他尽可以加入那些坐包车、食大菜，每星期几次念念讲义、开开玩笑，便拿几百块钱一个月的群队中，而成为其中的凤毛麟角。然而他现今却是绅士们戟指而詈的匪徒，海上颠沛流离的文丐。他投稿要隐姓换名，他的书没有体面的书店肯替出版。人性的确是足以累人，大丈夫确实是不容易做的。"伤屯悼屈只此身，嗟时之人我所羞"，读周先生的书每每使我不寐。

鲁迅逝世后，与梁实秋并称为"新月派"两大文学评论家的叶公超接连写了两篇在当时很有影响的文章——《关于非战士的鲁迅》和《鲁迅》。他说：

我很羡慕鲁迅的文字能力。……虽然他是极力的提倡着欧化文字，他自己文字的美却是完全脱胎于文言的。他那种敏锐脆辣的滋味多半是文言中特有的成分，但从他的笔下出来的自然就带上了一种个性的亲切的色彩。我有时读他的杂感文字，一方面感到他的文字好，同时又感到他所"瞄准"的对象实在不值得一粒子弹。骂他的人和被他骂的人实在没有一个在任何方面是与他同等的。

……在这些杂感里，我们一面能看出他的心境的苦闷与空虚，一面却不能不感觉他的正面的热情。他的思想里时而闪烁着伟大的希望，时而凝固着韧性的反抗狂，在梦与怒之间是他最美满的境界。

当时胡适曾因之不快。

鲁迅生前对胡适多有批评。这些批评有的一针见血，有的则近乎小题大做，也有的纯属断章取义吹毛求疵。胡适从没作过公开回应。博士何人？这于他是平生仅见的。

胡适晚年漂泊天涯，却多次以赞赏的口吻谈及鲁迅，有时还饱含深情。20世纪50年代中期，胡适在美国当面对周策纵（威斯康星大学教授）说："鲁迅是个自由主义者，决不会为外力所屈服，鲁迅是我们的人！"适之先生感慨之深重，语气之激昂，四十余年后仍让垂垂老矣的周策纵记忆犹新。这实在太不同寻常了。

陈村说："我不能不要脸到说自己和鲁迅的心是相通的。"

鲁迅自己说：

> ……当我写出上面这些无聊的文字的时候，正是许多青年受弹饮刃的时候。呜呼，人和人的魂灵，是不相通的。

那么，哪种说法比较靠谱？谁才是鲁迅真正的身后知己？

梁某对当代某些自由主义知识分子不甚佩服，原因之一是，他们的见识和文采都比较差劲，却自以为是，褊狭固执。他们不懂鲁迅，不懂毛泽东，当然也不懂胡适。

胡适成为他们最重要的思想资源，是他们的精神领袖。可偏偏在"鲁迅何许人也"这个关键问题上，他们无视胡适对鲁迅的晚年定论，选择性失明了。这岂非叶公好龙，买椟还珠？

还是看鲁迅自己是怎么说的吧：

胡适

寧鳴而死，
不默而生。

胡適

四七·十·二十

胡适手迹。

運交華蓋欲何求未敢翻身已碰頭舊帽遮顏過閙市破船載酒泛中流橫眉冷對千夫指俯首甘為孺子牛躲進小樓成一統管他冬夏與春秋

達夫賞飯閒人打油偷得半聯湊成一律以請

亞子先生教正

魯迅

1932 年 10 月 12 日，鲁迅书赠柳亚子《自嘲》手迹："运交华盖欲何求？未敢翻身已碰头。旧帽遮颜过闹市，破船载酒泛中流。横眉冷对千夫指，俯首甘为孺子牛。躲进小楼成一统，管他冬夏与春秋。"后柳亚子将此件转赠毛泽东、朱德。

有我所不乐意的在天堂里，我不愿去；有我所不乐意的在地狱里，我不愿去；有我所不乐意的在你们将来的黄金世界里，我不愿去。

然而你就是我所不乐意的。

朋友，我不想跟随你了，我不愿住。

我不愿意！

呜乎呜乎，我不愿意，我不如彷徨于无地。

——《影的告别》

使奴才主持家政，那里会有好样子。最初的革命是排满，容易做到的，其次的改革是要国民改革自己的坏根性，于是就不肯了。所以此后最要紧的是改革国民性，否则，无论是专制，是共和，是什么什么，招牌虽换，货色照旧，全不行的。

——《书信·一九二五·致许广平》

我的处世，自以为退让得尽够了，人家在办报，我决不自行去投稿；人家在开会，我决不自己去演说。硬要我去，自然也可以的，但须仍凭我说一点我所要说的话，否则，我宁可一声不响，算是死尸。

——《海上通信》

　　文艺和政治时时在冲突之中。……政治家最不喜欢人家反抗他的意见，最不喜欢人家要想，要开口。

——《文艺与政治的歧途——十二月
二十一日在上海暨南大学讲》

　　好的文艺作品，向来多是不受别人命令，不顾利害，自然而然地从心中流露的东西；如果先挂起一个题目，做起文章来，那又何异于八股，在文学中并无价值，更说不到能否感动人了。

——《革命时代的文学——四月八日在黄
埔军官学校讲》

我并不打算在这里对自由主义作某种学理上的界定。

马克思主义经典作家在《共产党宣言》中就已经指出："每个人的自由发展是一切人自由发展的条件。"

约翰·穆勒在《论自由》中开宗明义："这里所要讨论的乃是公民自由或称社会自由，也就是要探讨社会所能合法施用于个人的权力的性质和限度。"这种自由就是个人自由，也就是"按照我们自己的道路去追求我们自己的好处的自由"。

哈耶克在《自由秩序原理》中对法国传统唯理论自由主义和英国传统经验论自由主义作了详细的区分和梳理，后者发展成为主流的英美式自由主义。

鲁迅的最后十年，拒绝了喧腾的大学和宁静的书斋，义无反顾地选择了公共视域和独立社会批判立场——这种自觉的知识分子公共意识，才是现代社会公民精神的最高尺度。

鲁迅"对专制不平，但又向自由冷笑"，自由主义的帽子戴在头上与否，于他是无关紧要的。

克尔凯郭尔说："我并不自称为基督徒……但我可以揭露这个事实，即其他人比我更配不上这个称号。"

如果鲁迅不是自由主义者，那么中国实在没有任何人配得上这个称号。

鲁迅指出：

> 自由固不是钱所能买到的，但能够为钱而卖掉。
>
> 可惜中国太难改变了，即使搬动一张桌子，改装一个火炉，几乎也要血；而且即使有了血，也未必一定能搬动，能改装。不是很大的鞭子

打在背上，中国自己不肯动弹的。

　　中国人的性情是总喜欢调和，折中的。譬如你说，这屋子太暗，须在这里开一个窗，大家一定不允许的。但如果你主张拆掉屋顶，他们就会来调和，愿意开窗了。没有更激烈的主张，他们总连平和的改革也不肯行。

　　希望非议鲁迅建议不读中国书、倡言废掉汉字改用拼音字母……的朋友们能注意到上面两段话的深意，这对准确理解鲁迅当年的言行，意义重大。

以沫相濡亦可哀

　　20世纪30年代的某一天，鲁迅在上海看到曹聚仁的书架上堆积着他的作品和种种相关资料，便问曹是不是准备写他的传记。曹聚仁笑道："我是不够格的，因为我并不姓许。"鲁迅也笑了，说："就凭这一句话，你是懂得我的了。"

　　确实，鲁迅平生与许姓似有不解之缘。他真正的好友并不算多，可姓许的就占了五个，而且都是有头有尾善始善终。"五许"是：许季上，许寿裳，许广平，还有许钦文、许羡苏兄妹。

　　朋友们一度以为许羡苏将会是鲁迅的爱人同志。但男女之事，难言乎哉。终成正果的，却是另一许——她们还是同学兼朋友呢。

　　1925年3月，二十七岁的许广平闯进了四十四岁的鲁迅的生活。她当时是北京女子师范大学的学生，正在

鲁迅像。1925 年 7 月 4 日摄于北京。

许广平（1898-1968），自号景宋，广东番禺人。
1923 年入女子高等师范学校（后改为北京女子师范大学）国文系。

积极参与反对校长杨荫榆的学潮，思想激进，作风泼辣，向有"害马"之称。

3月11日，鲁迅收到她的第一封信，许广平热切希望得到老师比在教室里授课更多的教导。一个女学生，用尊敬而别致的笔墨要求与老师能有更亲密的联系，这种事于鲁迅还是首次，心如古井的他肯定觉得既新鲜又刺激，虚荣心也得到极大满足。死水微澜，春风骀荡，他当天就写了一封认真而精彩的回信。得到积极回应，许广平"喜极欲狂"，她表示："学生是十分仰望于先生，尤其愿得作一个'马前卒'以冲锋陷阵。"火花就此迸发。

开始，只是师生之间的良性互动，后来的进展却是一发而不可收，为他们始料所未及。正如鲁迅在1934年12月6日致萧军、萧红的信中说："我们通信之初，实在并未有什么关于后来的豫料的。"但两人关系急遽升温，情好日密，也是事实。根据杨燕丽精准细致的考证，1925年10月，鲁迅与许广平确定爱情关系。

作为狂飙突进的"五四"时代的知识女性，为了追求自己的爱，许广平大胆、主动、肆无忌惮。她说："不自量也罢，不相当也罢……合法也罢，不合法也罢，这都与我们不相干，与你们无关系。"

然而鲁迅，她的老师和爱人，却多所瞻顾，远没有她这么勇敢、洒脱、义无反顾。原因很简单：使君有妇。

早在 1906 年夏秋之间，鲁迅就奉母命，从日本东京回到故乡绍兴，与朱安女士结婚。新娘大鲁迅三岁，是一位本家长辈做的媒。据周作人说：

> 新人极为矮小，颇有发育不全的样子，这些情形，姑媳不会不晓得，却是成心欺骗，这是很对不起人的。

鲁迅不愿伤母亲的心，把这桩婚姻作为老人送给自己的礼物，姑且接受下来。他内心的感受可想而知。他对封建礼教刻骨的怨毒和仇恨，与他自己的切身经历和体会密不可分。

他在"鲁迅味最足的小说"《孤独者》中写道：

> 传说连殳的到家是下午，一进门，向他祖母的灵前只是弯了一弯腰。族长们便立刻照豫定计画进行，将他叫到大厅上，先说过一大篇冒头，然后引入本题，而且大家此唱彼和，七嘴八舌，使他得不到辩驳的机会。但终于话都说完了，沉默充满了全厅，人们全数悚然地看着他的嘴。只见连殳神色也不动，简单地回答道：
> "都可以的。"

我认为这完全可以看作鲁迅对待婚事的写实。

　　婚后没几天，鲁迅就抛下朱安，再次东渡日本，并带去二弟作人。三年后他才回国，又长期旅居异乡，一年到头难得在家中待上几天。朱安在北京时曾向人抱怨："老太太嫌我没有儿子，大先生终年不同我讲话，怎么会生儿子呢？"这明明是一个徒具形式的"幸福的家庭"。

　　对于家庭幸福、男欢女爱，鲁迅纵有欢肠已似冰，早已不抱指望。他决心拼着一世的牺牲，了却几千年的旧账，"自己背着因袭的重担，肩住了黑暗的闸门，放他们到宽阔光明的地方去；此后幸福的度日，合理的做人"。他也深知，"这是一件极伟大的要紧的事，也是一件极困苦艰难的事"。他的抄碑、研究、写作……其实都是一种无奈的逃避和移情。

　　许广平烈火般的热情融化了鲁迅心头的坚冰，他开始重新考量和设计自己的人生。他宣布：我可以爱！他也肯定在心里呐喊：我可以做爱！壮年鲁迅的精神和肉身同时苏醒。《两地书》中不乏这样的妙句："岂谓虽鞭之长，不及马腹乎？"他终于体味到了尘世今生的甜蜜和幸福。

　　但鲁迅毕竟是鲁迅。沉迷于爱情的同时，他依然是冷静的、严峻的，他唯一的爱情小说《伤逝》，就写于他与许广平定情前后。那是一篇冷得让人发抖的作品。对社会和人性，他实在看得太透。鲁迅没有发疯或者自杀，

《两地书》抄稿。《两地书》编好后，鲁迅楷书抄录一份留存。

《两地书》。鲁迅与景宋（许广平）1925 年至 1929 年的通信集，
1933 年 4 月北新书局以"青光书局"名义初版。

两地书⑴ 序言

这一本书，是这样地编起来的——

一九三二年八月五日，我得到寿昉，静农，丛芜三个人署名的信，说漱园于八月一日晨五时半，病殁在北平同仁医院了，大家想搜集他的遗文，为他出一本纪念册，问我这里可还有藏他的信没有。这真使我的心突然紧缩起来。因为，首先，我是希望着他能够全愈的，虽然明知道他大约未必会好；其次，是我虽然明知道他未必会好，却有时竟没有想到，也许将他的信竟终放弃了，那些伏在枕上，一字一字写出来的信。

我的习惯，对于平常的信，是随便随毁的，但其中如果有些议论，有些故事，也往往留起来，直到近三年，我遭大烧毁了两次。

五年前，国民革命军的时候，我在广州，常听到周为捕甲，从甲这里看见乙的

39

鲁迅《两地书》序言手稿。

甚至避免了涓生子君式的悲剧，与许广平"十年携手共艰危"，简直是一个小小的奇迹。

下一步怎么办？

离婚是绝不可能的，那无异要了旧式女子朱安的命。"母亲大人"也肯定不会同意。

双响炮，享受齐人之福？许广平绝对不会接受，鲁迅也碍难出此下策。

唯一的出路是离开北京，离开熟悉的人群和环境，觅地另过；同时仍旧负责母亲和发妻的生活与用度。作为无奈中的办法，庶可两全。好在许广平是新女性，并不计较名分。而当时的法律，也并无"重婚罪"一说。

1926年8月26日，鲁迅、许广平同车南下。分而复聚后，1928年9月，他们选定上海为安身立命之地，觅屋公开同居。后来，儿子海婴出生，增添了不少欢乐。因是难产，医生根据惯例问"保大人还是保小孩"，鲁迅当即回答"保大人"，所幸母婴平安。据说海婴当时头被产钳夹了一下。不过，海婴也是好样的，起码遵从父嘱，没有做空头文学家或是美术家。

许广平个性很强，本想成为职业女性，但终于做了家庭主妇。他们当然也有摩擦，但从来没有大吵大闹过，这八年的家庭生活大抵是平静安稳的。

许广平能真正理解鲁迅的精神高度吗？恐怕很难。

要不，鲁迅就不会那么喜欢屈原《离骚》中的名句"哀高丘之无女"，并一再咏诵了。

有一幅木刻画，是鲁迅晚年的至爱。他放在枕边，不时拿出来玩赏。画面是：一个人，手握诗卷在朗诵，地面盛开着玫瑰花；远处，有一个穿着红色长裙子、头发披散的女子在大风里奔跑……

这是为什么？是什么意思？许广平说不知道。

鲁迅说："做文学家的女人真不容易呢，读书时，老早通知过了，你不相信。"或者叹息说："我这个人脾气真不好。"她的回答是："因为你是先生，我多少让你些，如果是年龄相仿的对手，我不会这样的。"

鲁迅逝世三个月后，上海文化界同人拟印一本纪念集，大家认为书中应有一份"鲁迅年谱"。商定民国以前由周作人写，南京、北京时期由许寿裳写，上海部分由许广平写，最后由许寿裳总其成。许寿裳打算秉笔直书鲁迅的婚姻和爱情生活，先写一信给许广平打招呼说："年谱上（鲁迅）与朱女士结婚一层，不可不提，希谅察。"年谱初稿是这样写的："（民国）前六年，六月回家与山阴朱女士结婚。"……"（民国）十六年，与许广平女士以爱情相结合，成为伴侣。"

许广平收到年谱初稿和信件后，当即将自己写的一份初稿寄给当时在北平的许寿裳，附信说："朱女士的写出，

鲁迅、许广平、海婴合影。1931 年 7 月 30 日摄。

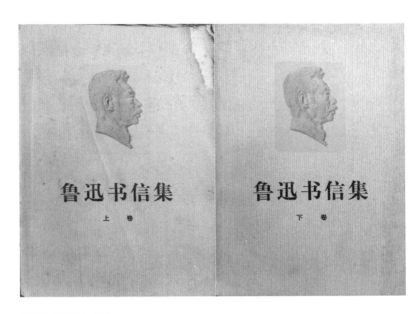

《鲁迅书信集》书影。

许先生再三声明，其实我绝不会那么小气量。难道历史家的眼光，会把陈迹洗去吗？关于我和鲁迅先生的关系，我们以为……彼此间情投意合，以同志一样相待，相亲相敬，互相信任，就不要有任何俗套。我们不是一切旧的礼教都要打破吗？"在她自己拟的年谱初稿中，坦然自陈："民国十六年，与许广平同居。"许寿裳欣然认可。

话虽是这样说，许广平是不是别有一般滋味在心头呢？

梁某非常喜欢读《鲁迅书信集》，从中获益匪浅。尤其是鲁迅写给李秉中的一些信件，更是耐看。

要不要结婚？要不要小孩？如何看待家庭与事业？这些问题，鲁迅想得很深而说得很少。在给学生兼朋友李秉中的信中，却几乎是没有保留地畅所欲言，诙谐风趣，言近旨远。节录如下，以飨同好：

> "指导青年"的话，那是报馆替我登的广告，其实呢，我自己尚且寻不着头路，怎么指导别人。这些哲学式的事情，我现在不很想它了，近来想做的事，非常之小，仍然是发点议论，印点关于文学的书。酒也想喝的，可是不能。因为我近来忽然还想活下去了。为什么呢？说起来或者有些可笑，一、是世上还有几个人希望我

活下去，二、是自己还要发点议论，印点关于文学的书。（1926年6月17日）

记得别后不久，曾得来信，未曾奉复。其原因盖在以"结婚然否问题"见询，难以下笔，迁延又迁延，终至不写也。此一问题，盖讨论至少已有二三千年，而至今未得解答，故若讨论，仍如不言。但据我个人意见，则以为禁欲，是不行的，中世纪之修道士，即是前车。但染病，是万不可的。十九世纪末文艺家，虽曾赞颂毒酒之醉，病毒之死，但赞颂固不妨，身历却是大苦。于是归根结蒂，只好结婚。结婚之后，也有大苦，有大累，怨天尤人，往往不免。但两害相权，我以为结婚较小。否则易于得病，一得病，终身相随矣。

现状，则我以为"匪今斯今，振古如兹"。二十年前身在东京时，学生亦大抵非陆军则法政，但尔时尚有热心于教育及工业者，今或希有矣。兄职业我以为不可改，非为救国，为吃饭也。人不能不吃饭，因此即不能不做事。但居今之世，事与愿违者往往而有，所以也只能做一件事算是活命之手段，倘有余暇，可研究自

鲁迅与海婴。1930 年 9 月 25 日摄。

己所愿意之东西耳。自然，强所不欲，亦一苦事。然而饭碗一失，其苦更大。我看中国谋生，将日难一日也。所以只得混混。（1928年4月9日）

结婚之事，难言之矣，此中利弊，忆数年前于函中亦曾为兄道及。爱与结婚，确亦天下大事，由此而定，但爱与结婚，则又有他种大事，由此开端，此种大事，则为结婚之前，所未尝想到或遇见者，然此亦人生所必经（倘要结婚），无可如何者也。未婚之前，说亦不解，既解之后——无可如何。

国内颇纷纭多事，简直无从说起，生人箝口结舌，尚虞祸及，读明末稗史，情形庶几近之。（1930年5月3日）

生丁此时此地，真如处荆棘中，国人竟有贩人命以自肥者，尤可愤叹。时亦有意，去此危邦，而眷念旧乡，仍不能绝裾径去，野人怀土，小草恋山，亦可哀也。日本为旧游之地，水木明瑟，诚足怡心，然知之已稔，遂不甚向往，去年颇欲赴德国，亦仅藏于心。今则金价大增，且将三倍，我又有眷属在沪，并一婴儿，相依为命，离则两伤，故且深自韬晦，冀延余年，倘举朝文武，仍不相容，会当相偕以泛海，或相率而授命耳。盛意甚感，但今尚无恙，请释远念，并善自珍摄为幸。（1931 年 2 月 18 日）

二月二十五日来函，顷已奉到。家母等仍居北京，盖年事已老，习于安居，迁徙殊非所喜。五年前有人将我名开献段公，煽其捕治时，遂于身出走，流寓厦门。复往广州，次至上海，是时与我偕行者，本一旧日学生，曾共患难，相助既久，恝置遂难。兄由朔方归国，来景云里寓时，曾一相见，然初非所料，固当未尝留意也。

孩子生于前年九月间，今已一岁半，男也，以其为生于上海之婴孩，故名之曰海婴。我不信人死而魂存，亦无求于后嗣，虽无子女，素不介怀。后顾无忧，反以为快。今则多此一累，与几只书箱，同觉笨重，每当迁徙之际，大加擘画之劳。但既已生之，必须育之，尚何言哉。（1931 年 3 月 6 日）

生今之世，而多孩子，诚为累坠之事，然生产之费，问题尚轻，大者乃在将来之教育，国无常经，个人更无所措手，我本以绝后顾之忧为目的，而偶失注意，遂有婴儿，念其将来，亦常惆怅，然而事已如此，亦无奈何，长吉诗云：己生须己养，荷担出门去，只得加倍服劳，为孺子牛耳，尚何言哉。兄之孩子，虽倍于我，但倘不更有增益，似尚力有可为，所必要者，此后当行节育法也。惟须不懈，乃有成效，因此事繁琐，易致疏失，一不注意，便又往往怀孕矣。求子者日夜祝祷而无功，不欲者稍不经意而辄妊，此人间之所以多苦恼欤。寓中均安，可释远念，但百物腾贵，弄笔者或杀或囚，书店（北新在内）多被封闭，文界子遗，有稿亦无卖处，于生活遂大生影响耳。（1931 年 4 月 15 日）

我安善如常，但总在老下去；密斯许亦健，孩子颇胖，而太顽皮，闹得人头昏。四月间北新书店被封，于生计颇感恐慌，现北新复开，我的书籍销行如故，所以没有问题了。中国近又不宁，真不知如何是好。做起事来，诚然，令人心悸。但现在做人，我想，只好大胆一点，恐怕也就通过去了。兄之常常觉得为难，我想，其缺点即在想得太仔细，要毫无错处。其实，这样的事，是极难的。凡细小的事情，都可以不必介意。一旦身临其境，倒也没有什么，譬如在围城中，亦未必如在城外之人所推想者之可怕也。（1931年6月23日）

有弟偏教各别离

  鲁迅一生厌憎过不少人，树敌众多。他当然也有大爱。梁某以为鲁迅平生至爱，不是母亲，也不是许广平，甚至不是海婴，更不是别的什么人，而是他的二弟作人。

  鲁迅比周作人大四岁，年龄相近，爱好相同。少年时代起，两兄弟就感情甚笃，形影不离，一起游戏、玩耍、上学、读书。他们的时代、社会、家庭和教育背景几乎完全相同，性情则有明显差异。作为家道中落的孤儿寡母家庭的正房长子，鲁迅很早就体味了人情冷暖、世态炎凉，他的使命感、责任心和处世能力都很强，倔强自信，崇尚力量。周作人从小性情温和，很好相处，好学深思，推重理性，耽于书斋生活，人情世故则有所欠缺。二弟的前半生，基本唯大哥马首是瞻。

  1901 年 2 月，鲁迅写了《别诸弟》三首七绝。他在跋中写道："嗟乎，登楼陨涕，英雄未必忘家；执手销

鲁迅像，摄于 1903 年。 鲁迅在弘文学院江南班第一个剪去象征民族压
迫的辫子，拍照留念，并作七绝诗一首："灵台无计逃神矢，风雨如磐
暗故园。寄意寒星荃不察，我以我血荐轩辕。"

魂，兄弟竟居异地！"原来冷峻生涩的鲁迅也有如此温情婉约的一面。作人对兄长也非常敬爱，日记中随处可见"大哥"如何如何，亦步亦趋，深情款款。两人兄弟怡怡，相得益彰。下围棋的朋友都知道，一目孤处与二子并立，那气与势可是迥然不同的。

1902 年，鲁迅到日本东京不久，毅然剪掉了头上的辫子，宣示不再做清朝的顺民。他特意去摄影留念，并翻洗多张寄给亲友。在送给二弟的那张上面，他这样写道：

会稽山下之平民，日出国中之游子，弘文学院之制服，铃木贞一之摄影，二十余龄之青年，四月中旬之吉日，走五千余里之邮筒，达星杓仲弟之英盼。兄树人顿首。

二弟非常喜欢大哥这张令人耳目一新的照片，"拟放假日往城南配壳子，悬之一室，不啻觌面"。

顺便说一句，鲁迅将这张照片也赠了一张给好友许寿裳，并题署著名的《自题小像》一诗。

他们当然也有冲突。据周作人回忆：

（1908 年在日本，）大概我那时候很是懒惰，

周作人

绝世天真爱丽
思，梦中境界太
离奇。红楼怎
有聪明女不见，
中原凯乐而。

爱丽思漫游奇境
记，英国凯乐而著，
赵元任有北京话
译本。

作人

周作人题赵元任译本《爱丽思漫游奇境记》。

住在伍舍里与鲁迅两个人，白天逼在一间六席的房子里，气闷得很，不想做工作，因此与鲁迅起过冲突，他老催促我译书，我却只是沉默的消极对付，有一天他忽然愤激起来，挥起他的老拳，在我头上打上几下，便由许季弗赶来劝开了。他在《野草》中说曾把小兄弟的风筝踏扁，那却是没有的事；这里所说乃是事实，完全没有经过诗化。

这个有趣的小插曲，过去也便过去了，两兄弟当时谁都不会往心里去。但鲁迅这种峻急的大哥做派是不是在极端重视个性独立的周作人心中无形埋下不满和抗拒的种子，就非我所知了。

鲁迅与周作人携手并肩走过了青少年时代。他们读私塾、上新学堂、去日本留学、筹办《新生》、翻译《域外小说集》……思想和行为都高度一致，兄弟之间，连写作、翻译的署名都不分彼此。鲁迅对二弟的关怀爱护可谓无微不至，他带作人东渡扶桑，自己回国做事赚钱以在经济上补贴二弟夫妇的用度，在家庭责任上尽力担当，多方设法为作人谋得京都名校的教席……可以说，没有鲁迅，就没有周作人。他们不仅是同胞兄弟，而且是亲密无间的朋友和志同道合的同志。

在"五四"狂飙中，两兄弟因缘时会，横空出世，出手不凡，技惊四座，名满天下，实至名归，成为思想文化界的两座重镇。新文化运动的主将陈独秀和胡适都十分敬爱周氏兄弟，一代青年更是深受其影响。

1919 年，周氏兄弟卖掉绍兴的老屋，买下八道湾的大宅，举家移居北京，誓言永不分离。三兄弟各有家小，却共财共餐，由周作人的妻子羽太信子总管家政。兄弟奉母而居，佣仆成群，读书著述，收入丰厚，过着优雅体面的生活，诚为人间乐事也么哥。

可惜事与愿违，好景不长。1923 年 7 月 14 日，鲁迅在日记中写道："是夜始改在自室吃饭，自具一看，此可记也。"

山雨欲来风满楼。发生了什么事？

7 月 19 日，鲁迅忽然收到周作人的决裂信。全文如下：

> 鲁迅先生：
>
> 我昨天才知道，——但过去的事不必再说了。我不是基督徒，却幸而尚能担受得起，也不想责难——大家都是可怜的人间。我以前的蔷薇色的梦原来都是虚幻，现在所见的或者才是真的人生。我想订正我的思想，重新入新的生

活。以后请不要再到后边院子里来。没有别的
话。愿你安心、自重。

七月十八日，作人

当日鲁迅日记载："上午启孟自持信来，后邀欲问之，不至。"

不久鲁迅搬出去另住。回八道湾运取书物时，两兄弟竟然动了手，都做了一回小人，演出一副全武行。从此，"东有启明，西有长庚"，鲁迅与周作人分道扬镳，各走各路，老死不相往来。

综合诸种资料和各方说法，据我看，周氏兄弟决裂，与思想、经济、作风关系都不大。主要原因不过是羽太信子觉得羽翼已丰，略施小计，利用周作人赶走唯一让她有几分忌惮的鲁迅，使八道湾成为她为所欲为的一统天下。

思想方面，兄弟高度接近。经济问题，鲁迅确实对信子大手大脚有意见并提出过批评，但绝不至于导致如此严重的后果。作风？这倒是许多宵小之辈愿意相信并津津乐道的，但可能吗？且不说鲁迅的人格什么的，这里只简单分析一下几种或然的可能性：

顺奸？此前信子对鲁迅的恶感已深，甚至不要小孩与他来往。这怎么可能！再说，如果大伯子与弟媳你情我愿，暗度陈仓，那更没有信子主动告诉蒙在鼓里的老公的

鲁迅在木刻展览会上。1936 年 10 月 8 日，鲁迅参观 "中华全国木刻第
二回流动展览会"，并与青年木刻家们座谈，时距逝世 11 天。

道理。

强奸？那可是三代同堂主仆数十人共居的旧式院落。除了写作，鲁迅还要按时上下班，假日应酬更多。鲁瑞和朱安她们则很少出门，还不时有大量亲友和青年学生光顾。顺便说一句：某天的访客之一是青年毛泽东，不巧鲁迅因事外出，他只见到了周作人。

要赶走鲁迅，信子怎样才能得到周作人的理解支持以达到目的呢？最好的，也是唯一有效的办法当然就是不明不白、含含糊糊地说鲁迅调戏她。她果然成功了。高，实在是高。

日光之下并无新事。这是一个古往今来使用了无数次、俗得不能再俗的故事。然而很有实效，屡试不爽。

日本学者中岛长文对周氏兄弟反目的经过和原因有详尽持平的介绍与分析，有兴趣的朋友不妨自行参看，兹不赘述。

周作人当然是高人，文章见识均臻一流。而他性格上的弱点和缺陷，也是显而易见的。

辛亥革命前后，周作人携眷回绍兴家居，夫妇间有过一次争吵。结果女人歇斯底里大发作，小舅子、小姨子指着他的鼻子破口大骂，从此制服了周作人。周老二只求能有一席之地，供他平静安稳地读书写作，对一切都息事宁人，逆来顺受。抗战时期，信子一度怀疑周作人

"包二奶"搞婚外恋，闹得天昏地暗，沸反盈天。周作人一筹莫展，狼狈不堪。

1929年7月20日，周作人致信江绍原说："近来很想不做教员，只苦于无官可做，不然的确想改行也。"这并非笑谈，而是他的真实想法。周作人后来下水附逆，不无前因。

鲁迅逝世后，周作人连呼：我苦哉！我苦哉！这让其母鲁瑞非常不满。老太太后来对人说：老大反正已经死了，老二再怎么叫苦，你还能不供养我不成？叫什么叫！

1937年7月12日，平津告急，青年学者常风陪同国民政府特使叶公超到八道湾劝驾，敦促周作人及时南下。叶此次回北平的主要任务，就是促请陈垣和周作人去大后方。周以家累过重推搪，提到母亲时，他竟然口口声声"鲁迅的母亲"，好像是在说什么不相干人家的老太太，令一向对他非常敬仰的常风"感到十分惊愕、刺耳和不解"。

1943年冬天，林语堂回国，在西安碰见老友沈兼士，两人相约一起登西岳华山。在登山路上，沈兼士说起他们共同的老友周作人在北平做日寇御用教育长官，看到抗日青年被日本人关在北大沙滩红楼，半夜挨打，号哭之声，惨不忍闻，而作人竟然装聋作哑，视若无睹。沈兼士言之流泪。

抗战胜利后，周作人以汉奸罪被捕，急盼身为接收大员的沈兼士出手奥援。沈置之不理，周对此极为怨愤。不知他是否知道沈袖手旁观的原因？

新中国成立后不久，周家老二、老三在教科书编审委员会不期而遇，见了最后一面。

周作人说："我豢养了他们，他们却这样对待我。"他对其家属也有了怨言。

都是人家的错，天下人都对他不起。周作人待人或许确实宽厚，但他待己显然更宽厚。

兄弟参商后，周作人写过多篇文章，从爱情、婚姻、政治、思想、文艺、文化诸方面，或直接讥弹，或旁敲侧击，对其兄作了全面、持久、阴冷、恶毒的影射攻击。1936年10月18日，他写了《家之上下四旁》一文，责备鲁迅没有尽到孝道。20日，又发表《遵命文学》，大张挞伐。其间的19日，鲁迅已经去世了。周二对其兄怨毒之深，一至于斯！

舒芜说周作人是"大傲若谦"，没错。依我看，不妨再加上一个"大刻若淡"。例子太多了，不胜枚举。周作人后来对沈兼士屡加攻讦，用语荒唐下流，即为其一。其实他们并无私人恩怨，只不过是沈氏不满他汉奸做得不唯心甘情愿而且理直气壮罢了。

鲁迅没有说过周作人的坏话。只有一个字的非议：

昏。他在给许广平的信中说："周启明颇昏，不知外事。"还曾几次对三弟建人摇头叹息："启孟真昏！"

有一次，周作人的一部译稿交给商务印书馆出版，编辑正在处理。鲁迅得知后，不以为然地说："莫非启孟的译稿，编辑还用得着校吗？"周建人说："那总还是要看一遍的吧！"鲁迅才不作声了。

在一些社会问题上，鲁迅也通过各种渠道对周作人有所提示，但效果甚微。言者谆谆，听者藐藐。

周作人所谓《五十自寿诗》在《人间世》发表以后，群公相和，喧闹一时，也招致许多批评攻击。独鲁迅有持平之论，周作人晚年难得地对此表示了感激。

有专事反鲁的特种学者一再铿锵有力地发问：以鲁迅性格之锱铢必较，快意恩仇，决不宽容，而且常常强词夺理，却唯独对兄弟失和事保持缄默，这是为什么？裤子上有黄泥巴，不是屎还能是什么？

他们忘了，这个对手很特别，是鲁迅情深义重的胞弟。又是家庭私事，并非公仇。说什么？怎么说？

民国年代，鲁迅就有那么多强有力的论敌；进入共和国后，更是被挖地三尺地加以研究；近年来，又被翻来覆去地炒了个遍，但迄今未发现任何于此对他不利的实证——这已经足够说明问题了。即使从"疑罪从无"的法律原则出发，在没有新的确凿证据的情况下，拿这等子虚乌有的陈年旧账作心解、射冷箭的批鲁家们可以休矣。

我有点奇怪的是，批鲁家们往往自称是胡适的信徒。招牌等于货色吗？实在令人怀疑。

1919 年 3 月 26 日晚，蔡元培在北大主持召开会议讨论陈独秀的去留问题。由于汤尔和猛烈抨击陈独秀的私德，极力主张排陈，陈独秀被迫离开北大，新文化运动的领导核心就此分崩离析。

1935 年 12 月 28 日，胡适致信汤尔和，追论前事，直言不讳地说：

> （民国）八年（1919）的事，我当时全无记载。三月廿六夜之会上，蔡先生颇不愿于那时去独秀，先生力言其私德太坏，彼时蔡先生还是进德会的提倡者，故颇为尊议所动。我当时所诧怪者，当时小报所记，道路所传，都是无稽之谈，而学界领袖乃视为事实，视为铁证，岂不可怪？嫖妓是独秀与浮筠都干的事，而"挖伤某妓之下体"是谁见来？及今思之，岂值一噱？当时外人借私行为攻击独秀，明明是攻击北大的新思潮的几个领袖的一种手段，而先生们亦不能把私行为与公行为分开，适堕奸人术中了。

什么叫见识与气度？先生之风，山高水长。前辈风范，邈焉难追。

兄弟睽离，其实也是鲁迅平生心头最大的隐痛。但他不能出声。他不愿无谓争斗，自残手足，就只能像一匹受伤的狼，自己舔干带血的伤口，自己的心情自己感受。

1924年9月21日，在生前没有发表的《俟堂专文杂集》题记中，鲁迅写道：

> 曩尝欲著《越中专录》，颇锐意蒐集乡邦专甓及拓本，而资力薄劣，俱不易致，以十余年之勤，所得仅古专二十余及打本少许而已。迁徙以后，忽遭寇劫，孑身逭遁，止携大同十一年者一枚出，余悉委盗窟中。日月除矣，意兴亦尽，纂述之事，渺焉何期？聊集燹余，以为永念哉！
>
> 甲子八月廿三日，宴之敖者手记。

宴之敖者，是鲁迅的笔名。许广平在《欣慰的纪念》一文中解释说："先生说：'宴从宀（家），从日，从女；敖从出，从放（《说文》作敫⋯⋯）；我是被家里的日本女人逐出的。'"

在这场先期展开的家庭中日战争中，鲁迅落荒而逃，信子大获全胜，周作人稀里糊涂不知不觉地早就做了汉奸。

兄弟反目后，鲁迅写出了锥心刻骨、瑰丽奇异、在中国文学史没有先例的惊世之作《野草》。写于 1925 年 6 月 29 日的《颓败线的颤动》一文，将鲁迅沉重难言的痛苦怨抑宣泄于万一：

那垂老的女人口角正在痉挛，登时一怔，接着便都平静，不多时候，她冷静地，骨立的石像似的站起来了。她开开板门，迈步在深夜中走出，遗弃了背后一切的冷骂和毒笑。

她在深夜中尽走，一直走到无边的荒野；四面都是荒野，头上只有高天，并无一个虫鸟飞过。她赤身露体地，石像似的站在荒野的中央，于一刹那间照见过往的一切：饥饿，苦痛，惊异，羞辱，欢欣，于是发抖；害苦，委屈，带累，于是痉挛；杀，于是平静。……又于一刹那间将一切并合：眷念与决绝，爱抚与复仇，养育与歼除，祝福与咒诅……她于是举两手尽量向天，口唇间漏出人与兽的，非人间所有，所以无词的言语。……

鲁迅晚年依然深情期待着有朝一日能够"度尽劫波兄弟在，相逢一笑泯恩仇"。事实证明这终于只是他一厢情愿的单相思。

鲁迅遗言"一个都不饶恕",这更多的只是一种姿态罢了。我相信起码不会包括他天才而可怜的二弟在内。

周氏兄弟临终前,分别在看对方的著述。这其中传透出的信息,耐人寻味。

心 事 浩 茫 连 广 宇

一千个读者就有一千个哈姆雷特。

鲁迅生前身后，被各色人等以种种居心戴上过五花八门的帽子。

五四新文化运动的主将并不是鲁迅。他自己明明说过："既然是呐喊，则当然须听将令的了……那时的主将是不主张消极的。"这里所谓"主将"，指的是陈独秀和胡适。

鲁迅既无冲锋陷阵攻城野战之功，也没私藏电台散发传单之劳，甚至对李立三要他写文章指名道姓大骂蒋介石的要求都明确予以回绝；生命的最后半年，更是"助长着恶劣的倾向……对于现在的基本政策没有了解"——说是同路人都不无勉强，"革命家"这顶金灿灿红彤彤的帽子，看来也名不副实了，只能完璧归赵。

鲁迅生前号称"思想界前驱者"，身后被追封为"思

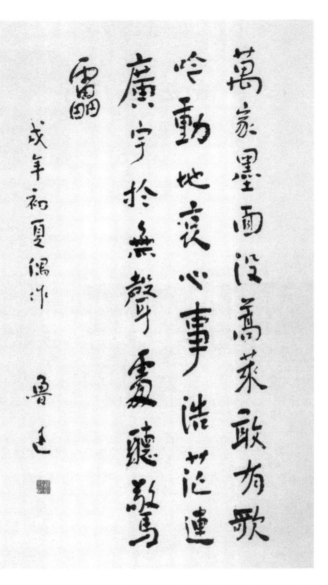

1934 年 5 月 30 日，鲁迅书自作诗赠日本作家新居格。诗云："万家墨面没蒿莱，敢有歌吟动地哀。心事浩茫连广宇，于无声处听惊雷。"

想家"，但对此一直存在争议。双方立论的主要依据，仍然是他的文学作品，尤其是杂文。

如此说来，只有"文学家"这最后一项顶戴，才是鲁迅的当行本色，不存在任何问题。

那么，作为读者，梁某如何看待鲁迅其人其文呢？

作家用作品说话。且看其夫子自道：

（安特来夫）全然是一个绝望厌世的作家。他那思想的根柢是：一、人生是可怕的（对于人生的悲观）；二、理性是虚妄的（对于思想的悲观）；三、黑暗是有大威力的（对于道德的悲观）。（致许钦文）

怎么看都像是说他自己的。

回家后看见来信。给幼渔先生的信，已经写出了，我现在也难料结果如何，但好在这并非生死问题的事，何妨随随便便，暂且听其自然。

关于我这一方面的推测，并不算对。我诚然总算帮过几回忙，但若是一个有力者，这些便都是些微的小事，或者简直不算是小事，现在之所以看去很像帮忙者，其原因即在我之无力，

《朝花夕拾》，收鲁迅 1926 年所作回忆散文 10 篇，1928 年 9 月未名社初版。

鲁迅手拟《朝花夕拾》扉页图样。

所以还是无效的回数多。即使有效，也算什么，都可以毫不放在心里。

我恐怕是以不好见客出名的。但也不尽然，我所怕见的是谈不来的生客，熟识的不在内，因为我可以不必装出陪客的态度。我这里的客并不多，我喜欢寂寞，又憎恶寂寞，所以有青年肯来访问我，很使我喜欢。但我说一句真话罢，我大约你未曾觉得的，就是这人如果以我为是，

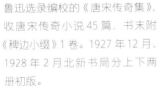

鲁迅选录编校的《唐宋传奇集》，
收唐宋传奇小说45篇，书末附
《稗边小缀》1卷。1927年12月、
1928年2月北新书局分上下两
册初版。

《而已集》，收鲁迅1927年所作
杂文29篇，附录1926年1篇，
1928年10月北新书局初版。

我便发生一种悲哀，怕他要陷入我一类的命运；
倘若一见之后，觉得我非其族类，不复再来，我
便知道他较我更有希望，十分放心了。

　其实我何尝坦白？我已经能够细嚼黄连而不
皱眉了。我很憎恶我自己，因为有若干人，或
则愿我有钱，有名，有势，或则愿我陨灭，死
亡，而我偏偏无钱无名无势，又不灭不亡，对于
各方面，都无以报答盛意，年纪已经如此，恐将

遂以如此终。我也常常想到自杀，也常想杀人，然而都不实行，我大约不是一个勇士。现在仍然只好对于愿我得意的便拉几个钱来给他看，对于愿我灭亡的避开些，以免他再费机谋。我不大愿意使人失望，所以对于爱人和仇人，都愿意有以骗之，亦即所以慰之，然而仍然各处都弄不好。

我自己总觉得我的灵魂里有毒气和鬼气，我极憎恶他，想除去他，而不能。我虽然竭力遮蔽着，总还恐怕传染给别人，我之所以对于和我往来较多的人有时不免觉到悲哀者以此。

然而这些话并非要拒绝你来访问我，不过忽然想到这里，写到这里，随便说说而已。你如果觉得并不如此，或者虽如此而甘心传染，或不怕传染，或自信不至于被传染，那可以只管来，而且敲门也不必如此小心。（致李秉中）

个人主义。存在主义。有着清冽的自省，也并不对小友掩饰。

从去年以来，我因为喜欢在报上毫无顾忌地发议论，就树敌很多，章士钊之来咬，乃是报应之一端，出面的虽是章士钊，其实黑幕中大有人在。不过他们的计划，仍然于我无损，我还是这样，因为我目下可以用印书所得之版税钱，维持生活。今年春间，又有一般人大用阴谋，想加谋害，但也没有什么效验。只是使我很觉得无聊，我虽然对于上等人向来并不十分尊敬，但尚不料其卑鄙阴险至于如此也。

多谢你的梦。新房子尚不十分旧，但至今未加修葺，却是真的。我大约总该老了一点，这是自然的定律，无法可想，只好"就这样罢"。直到现在，文章还是做，与其说"文章"，倒不如说是"骂"罢。但是我实在困倦极了，很想休息休息，今年秋天，也许要到别的地方去，地方还未定，大约是南边。目的是：一、专门讲书，少问别事（但这也难说，恐怕仍然要说话），二、弄几文钱，以助家用，因为靠版税究竟还不够。家眷不动，自己一人去，期间是少则一年，多则两年，此后我还想仍到热闹地方，照例捣乱。

"指导青年"的话，那是报馆替我登的广告，其实呢，我自己尚且寻不着头路，怎么指导别人。这些哲学式的事情，我现在不很想它了，近来想做的事，非常之小，仍然是发点议论，印点关于文学的书。酒也想喝的，可是不能。因为我近来忽然还想活下去了。为什么呢？说起来或者有些可笑，一、是世上还有几个人希望我活下去，二、是自己还要发点议论，印点关于文学的书。（致李秉中）

看得清，也看得透。做些兴趣以内力所能及的事，以遣有涯之生。

我的作品太黑暗了，因为我常觉得惟"黑暗与虚无"乃是"实有"，却偏要向这绝望挑战，所以很多偏激的声音。其实这或者是年龄和经历的关系，也许未必一定的确的，因为我终于不能证实：惟黑暗与虚无乃是实有。（致许广平）

这其实可以看成是"却也并不愿将自以为苦的寂寞，再来传染给也如我那年青时候似的正做着好梦的青年"的另一种说法，于是便"删削黑暗，装点光明"。

叛逆的猛士出于人间；他屹立着，洞见一切已改和现有的废墟和荒坟，记得一切深广和久远的苦痛，正视一切重叠淤积的凝血，深知一切已死，方生，将生和未生。他看透了造化的把戏；他将要起来使人类苏生，或者使人类灭尽，这些造物主的良民们。

造物主，怯弱者，羞惭了，于是伏藏。天地在猛士的眼中于是变色。（《野草·淡淡的血痕中》）

自画像。

记得还是去年躲在厦门岛上的时候，因为太讨人厌了，终于得到"敬鬼神而远之"式的待遇，被供在图书馆楼上的一间屋子里。白天还有馆员，钉书匠，阅书的学生，夜九时后，一切星散，一所很大的洋楼里，除我以外，没有别人。我沉静下去了。寂静浓到如酒，令人微醺。望后窗外骨立的乱山中许多白点，是丛冢；一粒深黄色火，是南普陀寺的琉璃灯。前面则海天微茫，黑絮一般的夜色简直似乎要扑到心坎里。我靠了石栏远眺，听得自己的心音，四远还仿佛有无量悲哀，苦恼，零落，死灭，都杂入这寂静中，使它变成药酒，加色，加味，加香。这时，我曾经想要写，但是不能写，无从写。这也就是我所谓"当我沉默着的时候，我觉得充实，我将开口，同时感到空虚"。（《怎么写》）

现实黑暗，苦难深重，人民麻木，敌人凶残，朋友反目，战斗艰辛，道路漫长，前景渺茫。冷峻背后饱含沉痛，悲愤之中洋溢热忱。

　　我梦见自己正和墓碣对立，读着上面的刻辞。那墓碣似是沙石所制，剥落很多，又有苔藓丛生，仅存有限的文句——

　　……于浩歌狂热之际中寒；于天上看见深渊。于一切眼中看见无所有；于无所希望中得救。……

　　……有一游魂，化为长蛇，口有毒牙。不以啮人，自啮其身，终以殒颠。……

　　……离开！……

　　我绕到碣后，才见孤坟，上无草木，且已颓坏。即从大阙口中，窥见死尸，胸腹俱破，中无心肝。而脸上却绝不显哀乐之状，但蒙蒙如烟然。

　　我在疑惧中不及回身，然而已看见墓碣阴面

的残存的文句——

　　……抉心自食，欲知本味。创痛酷烈，本味何能知？……

　　……痛定之后，徐徐食之。然其心已陈旧，本味又何由知？……

　　……答我。否则，离开！……我就要离开。

而死尸已在坟中

　　坐起，口唇不动，然而说——

　　"待我成尘时，你将见我的微笑！"

　　我疾走，不敢反顾，生怕看见他的追随。

　　一九二五年六月十七日（《野草·墓碣文》）

　　抉心自食，欲知本味，生存本体论意义上深刻而痛苦的体验。李泽厚说："鲁迅对世界的荒谬、怪诞、阴冷感，对死和生的强烈感受是那样的锐利和深刻，不仅使他在创作和欣赏的文艺特色和审美兴味（例如对绘画）上，有着明显的现代特征，既不同于郭沫若那种浮泛叫喊、自我扩张的浪漫主义，也不同于茅盾那种刻意描绘却同样浮浅的写实主义，而且使鲁迅终其一生的孤独与悲凉，具有形而上学的哲理风味。"

鲁迅在北京师范大学演讲。 摄于 1932 年 11 月 27 日。

我们目下的当务之急，是：一要生存，二要温饱，三要发展。苟有阻碍这前途者，无论是古是今，是人是鬼，是《三坟》《五典》，百宋千元，天球河图，金人玉佛，祖传丸散，秘制膏丹，全部踏倒它。（《忽然想到·六》）

我之所谓生存，并不是苟活；所谓温饱，并不是奢侈；所谓发展，也不是放纵。（《北京通信》）

这个不妨视之为循序递进的正面主张。

街灯的光穿窗而入，屋子里显出微明，我大略一看，熟识的墙壁，壁端的棱线，熟识的书堆，堆边的未订的画集，外面的进行着的夜，无穷的远方，无数的人们，都和我有关。我存在着，我在生活，我将生活下去，我开始觉得自己更切实了，我有动作的欲望——但不久我又坠入了睡眠。（《"这也是生活"》）

心事浩茫连广宇。存在与虚无。战斗的欲望与死亡的阴影。

梁某心目中，鲁迅是"这样的战士"——

冷峻的观察者，

独立的思考者，

深刻的怀疑者，

彻底的悲观者，

看透造物主把戏的智者，

肩起黑暗闸门的勇者，

险风恶浪中善于自全的能者，

妙笔生花光芒四射横扫千军如卷席的才者，

吃草，挤出奶和血的义者，

反抗强权、同情弱小，知其不可为而为之的仁者。

20 世纪的中国作家，鲁迅的成就、声誉与影响，首屈一指，当仁不让。他对中国社会、历史、现实和人性的认识具有惊人的深度。他的作品，挟时代潮流，开一时风气，无论内容还是形式，思想还是艺术，都达到了时人望尘莫及的高度。

与一切前贤一样，鲁迅也有他的缺点和局限。他不是圣人，不是神道，不是妖怪，不是异兽，人所具有的特点他都有。

鲁迅逝世后，老友钱玄同曾总括他有三点短处：多疑、轻信、迁怒。这并非诬枉。而且据我看，还有睚眦必报、尖酸刻薄，等等，不一而足。姑举一例：

> 疑古玄同，据我看来，和他的令兄一样性质，好空谈而不做实事，是一个极能取巧的人，他的骂詈，也是空谈，恐怕连他自己也不相信他自己的话，世间竟有倾耳而听者，因其是昏虫之故也。（致章廷谦）

> 途次往孔德学校，去看旧书，遇金立因，胖滑有加，唠叨如故，时光可惜，默不与谈……（致许广平）

这些文字都是在埋汰钱玄同亦即金心异。鲁迅与钱玄同是同乡、同学、同事，曾经还是过从甚密的朋友，后来也并无任何过节。所有对鲁迅略有所知的人都不会不清楚金心异对小公务员周树人脱茧成蝶摇身一变而成为大作家鲁迅功不可没。无事生非并且如此忮刻，实在是非常过分，不近情理。

钱玄同的内心感受，不问可知。后来，他写道：

> 我想，"胖滑有加"似乎不能算做罪名，他

所讨厌的大概是"唠叨如故"吧。不错，我是爱"唠叨"的，从二年秋天我来到北平，至十五年秋天他离开北平，这十三年之中，我与他见面总在一百次以上，我的确很爱"唠叨"，但那时他似乎并不讨厌，因为我固"唠叨"，而他亦"唠叨"也。不知何以到了十八年我"唠叨如故"，他就要讨厌而"默不与谈"。但这实在算不了什么事，他既要讨厌，就让他讨厌吧。

（《我对于周豫才君之追忆与略评》）

鲁迅遗弃了朱安，一辈子都对不起这个不幸的女子。但这也无足深责。因为无论从新道德，还是旧道德，都找不出任何理由一定要鲁迅守着朱安从一而终。三难之中，他已经算是处置得差强人意了，他可以爱。鲁迅不是浪子，更不是流氓，他不打麻将，不捧戏子，不喝花酒，不逛妓院，也没有貌似圣人而暗地里接二连三旁逸斜出地搞婚外恋。

鲁迅不是天才，不是全才，不是模范公民，不是道德楷模。他的知识结构跟他的绍兴官话一样，很不规范，他的脾气性情跟他的羸弱身体一样，毛病多多。他是个有缺点的战士，不是一只完美的苍蝇。

但他与庸常之辈又绝对迥异其趣。鲁迅个头矮小，

朱安

晚年朱安

在精神上却是巨人。他外表平常，在力量上则是超人。没有鲁迅的存在，非但中国现代文学史，甚至整个中国现代史，都将显著失重。

鲁迅是孤立的。而他喜欢的挪威作家易卜生说："世界上最有力量的人是最孤立的人！"

有时感到鲁迅很可怜：作为孤儿寡母家庭的正房长子，他从小就承担家累，饱受冷眼；结婚后形单影只，徒具虚名；成名后孤身横站，四面受敌；身故后被扭曲利用，惨遭"奸尸"（徐志摩诗："思想被主义奸污得苦"）。

鲁迅 1936 年 4 月 2 日在回复小朋友颜黎民的信中写道："拿我的那些书给不到二十岁的青年看，是不相宜的。要到三十岁，才很容易看懂。"

近日重读鲁迅《且介亭杂文》，别有感焉。这个集子收的是鲁迅 1934 年的文章，在报刊发表时多有删削，有的甚至面目全非。1935 年该书编讫出版前，鲁迅特意在书末写了"附记"，详加说明，以存其真。末了，他不知好歹地写道：

　　我们活在这样的地方，我们活在这样的时代。

偶开天眼觑红尘

绍兴会馆位于北京宣武门外南半截胡同西，原为山阴、会稽两县的会馆，称为山会邑馆。1912 年山阴、会稽合并为绍兴县后，改称绍兴会馆。同年 5 月，国民政府从南京北迁，鲁迅单身随教育部前往北京。5 日抵京，6 日"上午移入山会邑馆"。他在这里一住就是七年半，直到 1919 年底举家迁入周氏兄弟自行购买的八道湾 11 号新居。

鲁迅起初住在藤花馆西房，半年后"移入院中南向小舍"。后因邻居经常半夜喧哗，闹得鸡犬不宁，严重影响阅读和睡眠，就在 1916 年 5 月 6 日"以避喧移入补树书屋住"。

本来，鲁迅是颇具入世热情的，但逐渐变得很消极。用他自己的话说："见过辛亥革命，见过二次革命，见过袁世凯称帝，张勋复辟，看来看去，就看得怀疑起来，于是失望，颓唐得很了。"我想还有一个他没有说出的原因是：对母亲送给他的那件礼物——有名无实的婚姻——的深度失意。

除了去教育部上班和逛书店，鲁迅基本不出会馆。开始是抄书、辑书，后来又抄古碑、读佛经。每晚形单影只，一灯如豆，"崛然独立，块然独处，与义相扶，寡偶少徒"。所幸"但愿有英俊，出于中国之心，终于未死"。就这样平平淡淡默默无闻地过了好几年。

地火在地下运行，奔突。要来的早晚会来。事情正在起变化。

1915年9月15日，《青年杂志》在上海创刊；第2卷起，改名《新青年》。1916年底迁至北京编辑、出版、发行。这一向被视作是新文化运动的标志性事件。

新文化运动是当时在内忧外患的强大压力之下进行的一场思想革命。它试图引入"自由、平等、民主、科学"等西方现代理念，用价值重估的方式重新审度中国传统文化，使之"凤凰涅槃"。这是一场名副其实的"启蒙"运动。《新青年》之所以能在民国初年多如牛毛的刊物中脱颖而出，一枝独秀，是因为它集结整合了当时中国最出色的一批知识分子。这些人中龙凤天赋优良，国学根底扎实，又多在欧美或日本接受过新式教育，对国家和民族都抱有强烈的认同感和使命感。他们嫩箨香苞初出林，雏凤清于老凤声，相继发出自己的声音，再混合成为一股沛

陈独秀

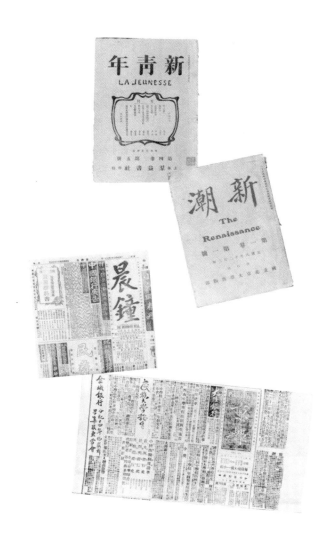

《新青年》《新潮》《晨钟》《京报》，都是在现代思想史上产生了
重大影响的报刊，鲁迅或参与编辑，或给予支持。

莫能御的宏大新生力量，以其新颖尖锐独特鲜明的对政治、社会、经济和文化问题的思考和表达方式，对一代中国青年的思想和行为产生了深刻而巨大的影响，进而影响乃至间接决定了整个中国现代史的走向和进程。

《新青年》选择的突破口是"文学革命"。"首举义旗之急先锋"是旅美青年学者胡适，发挥决定性作用的则是《新青年》的主编陈独秀。

1917年1月1日，胡适在《新青年》第二卷第五号发表令人耳目一新的《文学改良刍议》，揭开了新文化运动的肇端。他指出：旧文学已经衰落，文学必须改良；文学改良当从八个方面入手：

> 须言之有物；不摹仿古人；须讲求文法；不作无病之呻吟；务去烂调套语；不用典；不讲对仗；不避俗字俗语。

胡适认为要以白话文学为中国文学正宗。在谈及文学内容时，他认为真正的文学应该反映社会现实生活。

一个月后，陈独秀在《新青年》第二卷第六号发表了振聋发聩的《文学革命论》。

陈独秀把胡适文学改良的基调进而提升到文学革命的层面。他提出了"三大主义"：

曰推倒雕琢的阿谀的贵族文学，建设平易的抒情的国民文学；曰推倒陈腐的铺张的古典文学，建设新鲜的立诚的写实文学；曰推倒迂晦的艰涩的山林文学，建设明了的通俗的社会文学。

文章最后，陈独秀充满激情和煽惑力地呼唤：

欧洲文化，受赐于政治科学者固多，受赐于文学者亦不少。予爱卢梭、巴士特之法兰西，予尤爱虞哥、左喇之法兰西；予爱康德、赫克尔之德意志，予尤爱桂特郝、卜特曼之德意志；予爱倍根、达尔文之英吉利，予尤爱狄铿士、王尔德之英吉利。吾国文学界豪杰之士，有自负为中国之虞哥、左喇、桂特郝、卜特曼、狄铿士、王尔德者乎？有不顾迂儒之毁誉，明目张胆以与十八妖魔宣战者乎？予愿拖四十二生的大炮，为之前驱！

一年多时间很快过去了。实际情形的发展，却令新文化运动的先驱和主将胡适与陈独秀不无尴尬：文学革命从 1917 年元旦揭竿发难后，雷声大雨点小，作为文学主体样式的新小说创作，居然一片空白。

每一个伟大的时代和变革都有它应运而生的代表性人物。现在，轮到鲁迅出场了。

浙人钱玄同是《新青年》的一员猛将。早在1908年，他就与周氏兄弟一起，在日本东京跟随章太炎学习小学。作为同乡、同门、旧交，他十分清楚和仰慕鲁迅才情见识之出类拔萃，于是极力游说离群索居的鲁迅出来写文章，借以壮大新文化运动的声势和力量。

鲁迅呢？他早就知道自己"决不是一个振臂一呼应者云集的英雄"，也并无非说不可、现在就说的冲动，何况他从来就是一个深刻的怀疑论者。年近不惑的他，已经习惯甚至安于寂寞。由是言者谆谆，听者藐藐。

好在钱玄同偏生是个非常执着又十分健谈的人，他并不气馁。一天晚上，他又叩响了补树书屋冷清的门扉。"胖滑"而"唠叨"的钱玄同大约也没料到，他正在做的这件事实在是功德无量：直接促成并催生了由小公务员周树人到大作家鲁迅的根本性蜕变。他们之间有一番精彩对话，鲁迅对此作了生动记录：

　　"你钞了这些有什么用？"有一夜，他翻着
我那古碑的钞本，发了研究的质问了。
　　"没有什么用。"
　　"那么，你钞他是什么意思呢？"

"没有什么意思。"

"我想，你可以做点文章……"

我懂得他的意思了，他们正办《新青年》，然而那时仿佛不特没有人来赞同，并且也还没有人来反对，我想，他们许是感到寂寞了，但是说：

"假如一间铁屋子，是绝无窗户而万难破毁的，里面有许多熟睡的人们，不久都要闷死了，然而是从昏睡入死灭，并不感到就死的悲哀。现在你大嚷起来，惊起了较为清醒的几个人，使这不幸的少数者来受无可挽救的临终的苦楚，你倒以为对得起他们么？"

"然而几个人既然起来，你不能说决没有毁坏这铁屋的希望。"

……

钱玄同以一个或有的希望，勾起了鲁迅不曾忘却的旧梦，激发了他未尝冷却的热血。鲁迅决定睁眼动手，不再在醉眼中蒙眬，不再袖手旁观，不再"用了种种法，来麻醉自己的灵魂，使我沉入于国民中，使我回到古代去"——他终于答应也作文章了。最初一篇，题为《狂人日记》，署名鲁迅，一炮打响。一时间洛阳纸贵，薄海

钱玄同

知闻。

鲁迅就此横空出世，文学革命开始显示出"实绩"。先例既开，后劲强健，接着，《孔乙己》《药》……佳作妙构，纷至沓来。

鲁迅发表第三篇小说《药》时，始作俑者钱玄同深为兴奋、宽慰，他赞叹道："算是同人做白话文学的成绩品。"

第七篇《风波》问世后，热情的陈独秀极口称誉："鲁迅兄做的小说，我实在五体投地的佩服。"

冷静的胡适也给予热烈的赞赏与高度的评价，称鲁迅是"白话文学运动的健将"。他在日记中写道："周氏兄弟最可爱，他们的天才都很高。豫才兼有赏鉴力与创作力，而启明的赏鉴力虽佳，创作较少。"

新文化运动终于如火如荼，势不可当。

白话短篇小说《狂人日记》1918年5月发表于《新青年》月刊第四卷第五号，被视为中国现代文学史的开山之作。周树人发表《狂人日记》时，第一次使用了笔名"鲁迅"。此后，他以"鲁迅"这一笔名发表了他的主要作品五百余篇。

鲁迅曾对许寿裳解释过使用这个笔名是因为"从前用过'迅行'的别号"；另外，"（一）母亲姓鲁，（二）周鲁是同姓之国，（三）取愚鲁而迅速之意"。

经过长久沉默后，鲁迅开始说话。

他说要从字缝里看出字，说把古久先生的陈年流水簿子踹了一脚，说狮子似的凶心、兔子的怯弱、狐狸的狡猾，说狂人病愈赴某地候补；说站着喝酒而穿长衫的孔乙己是这样使人快乐，然而没有他，人们也便这么过；说华夏两家和人血馒头；说单四嫂子睡着了却故意不说她没有做到看见儿子的梦；说九斤老太和七斤嫂，说一代不如一代；说深蓝的天空中挂着一轮金黄的圆月，说其实地上本没有路，走的人多了，也便成了路；说阿Q和假洋鬼子，说精神胜利法；说童心，说梦幻，说"那夜似的好豆"和"那夜似的好戏"；说勤劳善良能干本分的祥林嫂终于走投无路，岁杪路毙，"天地圣众歆享了牲醴和香烟，都醉醺醺的在空中蹒跚，豫备给鲁镇的人们以无限的幸福"；说北方固然不是旧乡，南来也只能算是一个客子，无论那边的干雪怎样纷飞，这里的柔雪又怎样依恋，都于己无干；说"都可以的"；说人必须活着，爱才有所附丽；说皮袍下的小；说不但剥去表面的洁白，拷问出藏在底下的罪恶，而且还要拷问出藏在罪恶之下的真正的洁白；说眉间尺和古怪的歌；说脊梁，说"一排黑瘦的乞丐似的东西，不动，不言，不笑，像铁铸的一样"；说奇怪而高的夜空；说"我不愿意"；说尘土；说坟墓；说复仇；说希望；说梦魇；说梦中之梦；说踏扁的风筝；说孤独的雪；说声音和施舍，说皮面的笑容和眶外的眼泪，说只得喝些水来补充血，说"我还得走"；说地狱；说死后；说颓败线的颤动；说目前的造物主还是一个怯弱者；说好的故事；说抉心自食；说东京也无非是这样；说示众的材料和无聊的看客；说于无声处听惊雷；说敢有歌吟动地哀；说独托幽岩展素心；说可怜无女耀高丘；说无物之阵；说人只不过是中间物；说峻急与随便；说毒气与鬼气；说的确时时解剖别人更多的却是更无情面地解剖自己；说为何要说；说又为什么不是言无不尽，而且往往用了曲笔；说看不见的高墙；说黑暗的闸门；说运用脑髓，放出眼光，"自己来拿"；说瞒和骗；说"我要骗人"；说一认真，便容易趋于激烈，发扬则送掉自己的命，沉静着，又啮碎了自己的心；说"愿以愤火照出他的战绩，免使一群陷沙鬼将他生前的光荣和死尸一同拖入烂泥的深渊"；说革命是教人活；说"以不情为伦纪，诬蔑了古人，教坏了后人"；说觉得革命以前，是做奴隶，革命以后不多久，就受了奴隶的骗，变成他们的奴隶了，说一切都要重新来过；说辱骂与恐吓决不是战斗；说清峻，说通脱，说华丽，说壮大，说魏晋风度与药及酒之关系；说曾经阔气的要复古，正在阔气的要保持现状，未曾阔气的要革新；说积毁销骨；说鬼打墙；说寂寞；说隔膜；说"散胙"；说"横站"；说无声的中国；说老调子已经唱完；说怎么写；说流氓的变迁和从帮忙到扯淡；说黑暗是有大威力的；说人心是极难相通的；说人生得一知己足矣；说收存亡友遗文像捏着一团火，寝食不安，企图流布；说损着别人牙眼，却反对报复，主张宽容的人，万勿和他接近；说奴隶总管的横暴恣肆；说黄金时代的靠不住；说"崩溃之际，竟尚幸存，当乞红背心扫上海马路耳"；说"我只很确切地知道一个终点，就是：坟"。

……

半路出家，大器晚成。此后十八年间，鲁迅发表著译近七百万字。除去译文和编辑校订的古代文集，鲁迅自身的著作，大体可分为三大部分：

一是文学创作。包括小说集《呐喊》《彷徨》和《故事新编》；散文诗集《野草》；散文集《朝花夕拾》。鲁迅说："可以勉强称为创作的，在我至今只有这五种。"还有一些旧诗和几首新诗，也可归入此类。

二是学术著作。主要有《中国小说史略》《汉文学史纲要》。另有若干单篇研究文章。

三是杂文。鲁迅自己一般称其为"短评"。包括《坟》《热风》《华盖集》《伪自由书》《准风月谈》等十多种集子。因为按年编辑不分题材门类，其中也包含有部分散文和学术性文章。

这是一条雄浑宽阔的大河，这是一座伟岸峻拔的山峰。

滔滔长江，群水汇集；巍巍昆仑，众山仰止。沾溉当时，泽被后世，先生之风，山高水长。

鲁迅对自己的认识清醒而低调。他一向讨厌"乌烟瘴气鸟导师"，更不在乎乱七八糟鸟大师。周作人早在1936年鲁迅刚刚去世不久时就说过："他做事全不为名誉，只是由于自己的爱好。这是求学问弄艺术的最高的态度，认得鲁迅的人平常所不大能够知道的。"认得鲁迅的人平常都不大能够知道，更不必说无知无畏嘤嘤不已的蚩蚩群氓了。

恰好，鲁迅对他的上述三大类著作都有自己的说法。

关于小说："这样说来，我的小说和艺术的距离之远，也就可想而知。"（《呐喊·自序》）

关于学术著作："大器晚成，瓦釜以久，虽延年命，亦悲荒凉，校讹黯然，诚望杰构于来哲也。"（《中国小说史略·题记》）

关于杂文："我以为对于时弊的攻击，文字须与时弊同时灭亡，因为这正与白血轮之酿成疮疖一般，倘非自身也被排除，则当他生命的存留中，也即证明着病菌尚在。"（《热风·题记》）

桃李不言，下自成蹊。这就是一代宗师的见识与气度。

"惟此独立之精神,自由之思想,历千万祀,与天壤而同久,共三光而永光。"
(节录自陈寅恪撰《清华大学王观堂先生纪念碑铭》)

图为清华大学王静安先生纪念碑正反面。

陈寅恪在《清华大学王观堂先生纪念碑铭》中卒章显志："先生之著述，或有时而不章。先生之学说，或有时而可商。惟此独立之精神，自由之思想，历千万祀，与天壤而同久，共三光而永光。"这其实也完全可以移用来作为对鲁迅其人其文的终极评价。

高丘寂寞竦中夜

　　1909 年 8 月，因为母亲的要求和负担家庭经济的需要，鲁迅结束了长达七年的留学生活，离开日本，回国工作。此后近十年间，鲁迅从学校到教育部，从故乡到异乡，"谋生无奈日奔驰"，大体保持沉默，基本不为人知。论者称之为"十年沉默的鲁迅"。

　　"十年沉默的鲁迅"又大致可以划分为前后两个阶段：回国后到辞去山会初级师范学堂教职，可算前期。其间，他先后在几家学校当教师，为时两年有余；本书第十三章"故乡如醉有荆榛"中将对此有所述及。从 1912 年 2 月去南京中华民国临时政府教育部任职，5 月随部北迁住进绍兴会馆，直到 1918 年 4 月 2 日写出、5 月发表《狂人日记》，打破沉默，开始呐喊，影响渐广，薄有声名，可算后期。刨去在南京的两个多月，不妨称之为"绍兴会馆时期的鲁迅"，时间长达整整六年。下面即对鲁迅的这一阶段略作梳理与勾勒。

到北京后，劳碌奔波了一阵子，工作、食宿算是安顿下来，一切按部就班，可以松口气了。但没过多久，就挨了当头一棒。

鲁迅为人深沉冷峻。同龄而感情交厚、善始善终的朋友，屈指可数。许寿裳而外，恐怕就得算范爱农了。

范爱农"是一个高大身材，长头发，眼球白多黑少的人，看人总像在渺视"。他是鲁迅的绍兴老乡，也是东渡扶桑时的老相识，两人还曾有过一点小小的过节。真正成为朋友和知己，是在回国以后。他们一起教书，一起办报，一起聊天，一起喝酒，一起对抗旧势力，一起欢呼新时代，同声相应，同气相求。

辛亥革命后，小城绍兴表面上有不少新气象，满眼都是光复的白旗，但骨子里是依旧的，并无实质性的变化。"故里寒云恶"，留不得也么哥。鲁迅得到奥援，去了教育部，海阔天空，远走高飞。留下来的范爱农遭受守旧人士傅励臣、何几仲等人的排挤和报复，失去教职，穷愁潦倒。他将希望寄托在鲁迅身上，一再对人说："也许明天就收到一个电报，拆开来一看，是豫才来叫我的。"鲁迅确实也很上心，一直想在北京为他寻找一个合适的职位。只是当时他人微言轻，需要等待机会。事情还漫无头绪，7月19日，却从二弟作人的信件中意外获悉了范爱农溺水身亡的噩耗。

7月10日，范爱农与朋友一起坐船去看戏，回来的时候落水而死。范爱农是浮水的好手，鲁迅疑心他是自杀。不久前，范来信说："如此世界，实何生为？盖吾辈生成傲骨，未能随波逐流，惟死而已，端无生理！"不意一语成谶。

革命是教人活。像范爱农这样热情正直有学问有抱负的老革命党在革命胜利后却没有生路。自己极愿援之以手却无能为力。鲁迅的心情十分沉重、低落、悲哀、痛苦。他当天在日记中写道："悲夫悲夫，君子无终，越之不幸也。"

22日深夜，大夜弥天，风雨如磐。鲁迅为亡友写下悲愤苍凉的挽诗三章：

> 风雨飘摇日，余怀范爱农。
> 华颠萎寥落，白眼看鸡虫。
> 世味秋荼苦，人间直道穷。
> 奈何三月别，遽尔失畸躬！
>
> 海草国门碧，多年老异乡。
> 狐狸方去穴，桃偶已登场。
> 故里彤云恶，炎天凛夜长。

独沉清冽水，能否涤愁肠？

把酒论当世，先生小酒人。
大圜犹酩酊，微醉自沉沦。
此别成终古，从兹绝绪言。
故人云散尽，我亦等轻尘！

8月21日，三首挽诗在绍兴《民兴日报》首发，署名黄棘。鲁迅在稿后附记中说："我于爱农之死，为之不怡累日，至今未能释然。"

我虽不杀伯仁，伯仁由我而死。从种种迹象看，对范爱农之死，鲁迅心中不无负疚之感，他一直没有忘记这位不幸的老友。《哀范君三章》在鲁迅诗中可算上品，这也是鲁迅时隔十年之后第一次写旧诗。散文名篇《范爱农》更是经心之作，堪称是《朝花夕拾》的压卷之作。对现实产生的失望、厌倦和无力感，是促使鲁迅越来越明显地回归到自己的内心的一大动因。

亲戚或余悲，他人亦已歌。范爱农死了，鲁迅活着。生活还得继续下去。

城头变幻大王旗，世事如云任卷舒。虽然蔡元培很快去职，但鲁迅还是凭借自己的资质和努力，在教育部站稳了脚跟。不久，他获任社会教育司第一科科长，主管

鲁迅《哀范君三章》手迹

图书馆、博物馆、美术馆等事宜，后又被任命为金事，同时还兼任通俗教育研究会小说股主任，月薪 220 元。 对一个名不见经传、没有正规学历的外省青年而言，这可以算是马马虎虎混得不错，比上不足比下有余了。

鲁迅做事一向勤苦认真，本职工作完成得很好，得过奖励。 他主张设立美术馆、剧场和演奏厅，举办美术展览会、文艺展览会，演出新剧和西洋音乐；呼吁要保护石碑、塑像、壁画和知名建筑；提倡收集和研究古乐、歌谣、俚谚、民间传说等。 但他很快发现：官场好混，要真正做点事却很困难，于是逐渐也就意兴索然了。 除了例行公事到部应卯，他也偶尔和接近的同事们结伴逛逛琉璃厂，淘淘旧书，或一起到广和居喝点小酒。

绝大部分业余时间，鲁迅黄卷青灯，深居简出，将自己关在绍兴会馆简陋的住所内，如斯六年。 他在干什么呢？

大致而言，这段时间，鲁迅主要做了以下三件事：

1.抄书，辑书，包括搜集、辑录、校勘、研究。

根据周作人的统计，主要有：

（1）《会稽郡故书杂集》。

（2）《谢承后汉书》（未刊）。

（3）《古小说钩沉》。

（4）《小说旧闻钞》。

（5）《唐宋传奇集》。

（6）《中国小说史略》。

（7）《嵇康集》（未刊）。

（8）《岭表录异》（未刊）。

（9）《汉画石刻》（未完成）。

这些事情，大多发源于绍兴教员时期，甚至更早。有的要到 20 世纪 20 年代才最终完成，如《中国小说史略》。至于鲁迅个人情有独钟的《嵇康集》，更是从 1913 年到 1935 年，长达二十三年间，陆续校勘修订达十余次，有抄本三种，亲笔校勘本五种，还有校文 12 页（即以《全三国文》摘出的"佳字"），另写有关于《嵇康集》的考证文章数篇。可以说，《嵇康集》伴随了鲁迅整个后半生。

嵇康师心使气，傲岸倔强，激于时事，龙性难驯。他乱世之中的个性困境与精神苦闷，他高扬的生命主体意识与悲剧性的结局，他慷慨激昂的文字与惊世骇俗的风度，使鲁迅产生一种情感与精神两方面的深度契合，颇有大获吾心的异代知音之感。

刘半农曾送鲁迅一联："托尼思想，魏晋文章。"当时朋友们都认为很恰当，鲁迅亦无异议。

魏晋风度与文章——更具体地说，就是嵇康的风度与文章，对鲁迅其人其文，影响至为深远。识者不可不察。

2. 读佛经。

许寿裳说:"民三以后,鲁迅开始看佛经,用功很猛,别人赶不上。"

这段时间,鲁迅猛买、猛看佛经。这在他的日记及书账中一望可知。他曾对许寿裳说:

> 释迦牟尼真是大哲,我平常对人生有许多难以解决的问题,而他居然大部分早已明白启示了,真是大哲!

但是后来又说:

> 佛教和孔教一样,都已经死亡,永不会复活了。

3. 抄碑,搜集、整理和研究金石拓本。

鲁迅在这方面的爱好和成就值得重视,可供研究者作不少专门性文章,但却一向为人所忽视。

顺便说一句:鲁迅似乎对音乐兴趣不大,所知不多。但对于美术,则有着浓厚的兴趣和高深的修养。窃以为他在美术方面的品位和鉴赏力之高明不在文学之下。

绍兴县馆旧址。

留日期间，鲁迅阅读和思考的主要方向集中在欧美及日本的文学、科学、哲学、社会学方面。绍兴会馆时期，又回到中国传统典籍以及佛经、金石方面的内容。在精神的煎熬和肉身的苦闷中，鲁迅痛并快乐着，不知不觉地完成了自身的涅槃。他对当时清寂空落的场景有过出色的描绘：

　　　　S会馆里有三间屋，相传是往昔曾在院子里的槐树上缢死过一个女人的，现在槐树已经高不可攀了，而这屋还没有人住；许多年，我便寓在这屋里抄古碑。客中少有人来，古碑中也遇不到什么问题和主义，而我的生命却居然暗暗的消去了，这也就是我唯一的愿望。夏夜，蚊子多了，便摇着蒲扇坐在槐树下，从密叶缝里看那一点一点的青天，晚出的槐蚕又每每冰冷的落在头颈上。

　　日本学者竹内好认为，"绍兴会馆时期的鲁迅"是鲁迅之所以成为鲁迅的关键。他写道：

　　　　他还没开始文学生活。他还在会馆的一间"闹鬼的屋子里"埋头抄古碑，没有任何动作显露于外。"呐喊"还没爆发为"呐喊",只让人感受到正在酝酿着的呐喊的凝重的沉默。我想象,鲁迅是否在这沉默中抓到了对他的一生来说都具有决定意义,可以叫做回心的那种东西。我想象不出鲁迅的骨骼会在别的时期里形成。

梁某以为,鲁迅"回心"的果实,概而言之,主要有两点:

1. 唯黑暗与虚无乃是实有。

2. 反抗绝望。

这是一个悖论。它伴随了鲁迅一生。

1917年1月22日,是农历除夕。鲁迅在日记中无动于衷地写道:

夜独坐录碑,殊无换岁之感。

他不知道,清亮的剥啄声行将响起,一次命中注定的重要谈话即将进行,并进而彻底改变他的生活与人生。

走向补树书屋的访客是久违的旧友钱玄同。钱氏认定:

周氏兄弟的思想,是国内数一数二的,所以竭力怂恿他们给《新青年》写文章。

鲁迅自己后来也说过：

沉默呵，沉默呵！不在沉默中爆发，就在沉默中灭亡。……

我们听到呻吟，叹息，哭泣，哀求，无须吃惊。见了酷烈的沉默，就应该留心了；见有什么像毒蛇似的在尸林中蜿蜒，怨鬼似的在黑暗中奔驰，就更应该注意了：这在豫告"真的愤怒"将要到来。

经过十年沉默，周树人脱茧化蝶成为鲁迅的条件完全成熟。现在所需要的，只是一个一触即发的契机——而这样的契机正在走向绍兴会馆中离群索居的鲁迅。鲁迅没有灭亡，他终于爆发了。这一切是那样实至名归，水到渠成。

谁令骑马客京华

    鲁迅曾赠送给瞿秋白一副有名的对联："人生得一知己足矣，斯世当以同怀视之。"

    知己兼兄弟。还有什么比这更为崇高而亲密的认可和推许呢？这在鲁迅平生是仅见的，秋白也完全受之无愧。这两个不平凡的男人之间的友谊，深醇厚重，非常动人。尤其是秋白从容就义之后，鲁迅放下自己手头的事情，不顾重病在身，夜以继日，事必躬亲，精心编辑出版《海上述林》，为传播流布亡友的思想和文字做出了极大的努力和切实的成效。梁某在拙文《风雨江山：从凤凰到长汀》中对此有所描述。

    瞿霜鲁迅各千秋。究其实，他们更多的只是思想上的契合和同路人。单纯就朋友之道而论，如果真要推举谁能在鲁迅的朋辈中位居首席，答案几乎不会有任何争议：当然非许寿裳莫属。

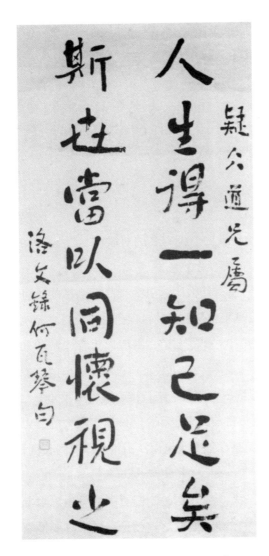

鲁迅手书赠瞿秋白对联："人生得一知己足矣，
斯世当以同怀视之。"

许寿裳也是浙江绍兴人，比鲁迅小两岁。两人在旅日期间相识、缔交，成为过从频密、交情深厚、无话不谈、肝胆相照的挚友。许寿裳对鲁迅有过几次重要乃至是关键性的帮助。

1909年，"因为我的母亲和几个别的人很希望我在经济上的帮助"，鲁迅只得打消游学德国的念头，准备从日本回国工作，但工作并不好找。许寿裳当时已经担任浙江两级师范学堂的教务长，鲁迅托他设法，许立马应承下来，并当即向监督沈钧儒力荐，"一荐成功"。这所学校是当时浙江省的最高学府，废除科举后，由省城贡院旧址改建，建筑格局和学制基本仿照日本东京高等师范学校。8月，鲁迅回国后即到杭州，就任该校初级化学和优级生理学教员，同时兼任日籍教师的植物学翻译。可以说，鲁迅平生的第一个饭碗，就是许寿裳帮他找到的。

因为人事变动，鲁迅一年后辞职。他回到绍兴，应聘到绍兴府中学堂教博物学，稍后兼任监学（即教务长，现在一般称教导主任）。学校的监督（即校长）是他的朋友、同为留日学生的陈子英。

8月15日，鲁迅写信给已去北京的许寿裳，诉说此间收入低微，"不足自养"，只想干一个学期了事，颇为向往外面的世界。后来因为实在无法可想，只得勉强又待了一学期。即便是这么一个不尴不尬形同鸡肋的职位，

许寿裳

还未必保稳。

1911 年夏天，年且而立的鲁迅抑郁困窘，走投无路，又写信给许寿裳殷殷求助：

> 闲居越中，与新颖气久不相接，未二载遽成村人，不足自悲悼耶。……越中学事，惟从（梁按：从同纵）横家乃大得法，不才如仆，例当沙汰。……而家食既难，它处又无可设法，京华人才多于鲫鱼，自不可入，仆颇欲在它处得一地位，虽远无害，有机会时，尚希代为图之。

其间，他曾试图应聘去上海，到一家书店做编辑，还译了一点德文书算是应笔试。结果没有被录用。

遥想当年，迭遭变故，家道中落。少年鲁迅坚决不肯走学幕和经商的惯常老路，怀揣母亲好不容易筹备来的八元川资，去南京进新式学堂，本意就是"走异路，逃异地，去寻求别样的人们"，他心中一定充满了摆脱牢笼的新生的喜悦。后来，"东过蓬莱浴海涛"，留学东瀛，寻找国家和个人的出路，寄意寒星，血荐轩辕，更是豪情干云，意气风发。那时他何曾想到，现实原来如此残酷，天地原来这般逼仄，转了一个大圈之后，居然又重新回到起点。在蝇营狗苟宵小猥集的偏僻小城，干着一份没有激情、戕伤性灵、不能发挥才干和潜能、所得甚微而且缺乏安全感的行当，才情和抱负没有任何用处，小家庭的甜蜜温馨更是无从谈起。贫困和闭塞，犹如套在鲁迅脖子上的两根绳索，而且正在收紧。

是辛亥革命和许寿裳帮助鲁迅彻底改变了命运。

武昌起义一个月后，绍兴光复，鲁迅获任绍兴师范学堂校长。他勇于任事，一度焕发了沉淀已久的热情。但很快发现，形格势禁，左支右绌，难以有所作为。他在家里愤愤地对母亲说：“绍兴地方不好住！住在绍兴非要走衙门、捧官场不可。这种事我都搞不来！”

“走衙门、捧官场”需要有衙役和马弁的做派，这样才能与官府保持一致。鲁迅当然碍难出此。他后来写出那么多凌厉深刻令正人君子们深恶痛绝、别有用心者狼狈不堪的文字，良非偶然。

三十六计，走为上策。既然“不好住”，“搞不来”，就只有“逝将去女，适彼乐土”了。但能够去哪里呢？正在这个决定何去何从的决定性时刻，命运之神透出一线亮色，机会终于来临。

1912年元旦，中华民国在南京成立，孙中山出任临时大总统，蔡元培被任命为首任教育部部长。当时百废待兴，人少事繁，亟欲有所作为的蔡元培将揽贤辅弼看作当务之急。许寿裳后来回忆说：

蔡元培

其时一切草创，规模未具，部中供给膳宿，每人仅月支三十元。我被蔡先生邀至南京帮忙，草拟各种规章，日不暇给，乘间向蔡先生推荐鲁迅。蔡说："我久慕其名，正拟驰函延请，现在就托先生——蔡先生对我，每直称先生——代函敦劝，早日来京。"我即连写两封信给鲁迅，说蔡先生殷勤延揽之意。

少陵诗云：穷途仗友生。时来运转，柳暗花明。坐困愁城一筹莫展的鲁迅喜从天降，正中下怀，一跃而起，欣然应召，当即去了南京教育部工作。5月，随部浮海北迁，抵达中国的政治、文化中心北京。几年之后，北京成为五四新文化运动的策源地。海阔凭鱼跃，天高任鸟飞，广阔天地，大有作为。鲁迅在北京一住十四年有余，并顺利完成由教育部佥事周树人到作家鲁迅的质的蜕变。

世味年来薄似纱，谁令骑马客京华？

如果没有许寿裳的友谊和援手，鲁迅会不会成为另一个范爱农，困居乡里穷愁潦倒乃至死于非命？鲁迅后来塑造出栩栩如生呼之欲出的吕纬甫、魏连殳一类形象时，有没有一种"此身虽在堪惊"的感觉？

许寿裳一度外放江西担任省教育厅厅长。后来，又回京出任北京女子师范大学校长，鲁迅应邀到女师大兼课。

鲁迅像，摄于 1912 年。

正是在这里，他认识了活跃的广东番禺籍女生"害马"许广平。鲁迅的生活和整个后半生，就此彻底改变。

鲁迅打赢与"老虎总长"章士钊的官司，官复原职，许寿裳也发挥了一定作用。

1927 年鲁迅离开广州到达上海之初，不愿再去大学教书。又是经许寿裳向蔡元培推荐，鲁迅被聘为"大学院"特约撰述员，月薪 300 元。从 1927 年 12 月到 1931 年 12 月，定期足额支付达四十九个月之久，折合当时的黄金约 490 两。这其实是一份干薪，无须做任何事情。这是一个及时、巨大的支持。鲁迅由是得以免除后顾之忧，可以比较从容地静下心来在上海安居、著述。

礼尚往来。友情从来都是双向的，相互的。鲁迅对待许寿裳，同样让人无话可说。他想方设法为老友寻找各种书籍，破例费心为"世侄"开出书单，百忙之中抱病出席许寿裳长女的婚礼，亲自关心安排许的家属看病抓药……凡此种种，不一而足。对许寿裳的要求，鲁迅近乎有求必应。这于他似乎也是仅见的。

1926 年 8 月底，鲁迅离开北京到厦门大学教书。当时北伐军兴，政局变幻莫测，许寿裳表示也打算离京谋事，托鲁迅代为留意。鲁迅"非常关心，视同己事"。他在厦门待的时间很短，年底即辞职。1927 年 1 月到广州，担任中山大学文学系主任兼教务长后，很快便在中大帮许寿裳觅到了合适的职位。他一连写了好几封信给许，作了十分周到的提示，催他前往广州。许寿裳抵穗的第二天晚上，"他邀我到东堤去晚酌，肴馔很上等甘洁。次日又到另一处去小酌，我要付账，他坚持不可，说先由他付过十次再说。从此，每日吃馆子，看电影，星期日则远足旅行，如是者十余日，豪兴才稍疲"。他们租了广九车站的白云楼合住。鲁迅首先挑选一间比较大而风凉朝南的屋子给许寿裳住，自己则住在一间西晒的小房。

鲁迅身后，许寿裳一直怀念和宣扬挚友，著有《亡友鲁迅印象记》《我所认识的鲁迅》等文章，言简意赅，亲切庄重，不偏不倚，真实可信，在鲁迅研究中具有十分重要、无可替代的价值。1948 年 2 月 18 日深夜，许寿裳在台湾大学国文系主任任上不幸遇害，据说也与宣传鲁迅有关，可能是政治性谋杀。

许寿裳与鲁迅相交垂三十五年，深爱也深知鲁迅，对鲁迅孤绝横站的立场抱有深刻独到的理解与认同。在追念鲁迅时，他曾感慨万千地写道：

呐喊冲锋了三十年，百战疮痍，还是醒不了沉沉的大梦，扫清千年淤积的秽坑。所谓右的固然靠不住，自命为左的也未必靠得住，青年们又何尝都靠得住。

作为著名学者、教育家，许寿裳给人最深的印象是"谦冲慈祥，临事不苟"。"平日任事，于应付环境，克服困难时，虽不见猛厉处，却锲而不舍的向前，必至收功而后已。"他与鲁迅的性格情趣明显不同，甚至差别很大，互补性很强，但这全然无碍于他们成为亲密无间的至友。

许广平回忆许寿裳时说：

> 鲁迅先生逝世之后，十年间人世沧桑，家庭琐屑，始终给我安慰，鼓励，排难，解纷；知我，教我，谅我，助我的，只有他一位长者。

一死一生，交情乃见。鲁迅得友如此，当可无憾。明人吕坤说：

> 深沉厚重是第一等资质，磊落豪雄是第二等资质，聪明才辩是第三等资质。

起初看到这话，颇不以为然。过了好久，想了好久，比照古今中外许多人和事，终于能够领略些许前贤论断的高妙之处了。

顺便说一句：鲁迅命运的几个关键性时刻，在许寿裳亲切和善的面容后面，每每可以感受到蔡元培温厚有力的看不见的手。

故 乡 如 醉 有 荆 榛

　　时候既然是深冬，渐近故乡时，天气又阴晦了，冷风吹进船舱中，呜呜的响，从篷隙向外一望，苍黄的天底下，远近横着几个萧索的荒村，没有一些活气。我的心禁不住悲凉起来了。……

　　我有一时，曾经屡次忆起儿时在故乡所吃的蔬果：菱角，罗汉豆，茭白，香瓜。凡这些，都是极其鲜美可口的，都曾是使我思乡的蛊惑。后来，我在久别之后尝到了，也不过如此；惟独在记忆上，还有旧来的意味存留。他们也许要哄骗我一生，使我时时反顾。……

　　风雨如磐暗故园……

故乡如醉有荆榛……

故里寒云恶……

故乡黯黯锁玄云。……

　　看来，鲁迅对故乡还是颇具感情的，却不见得有多少好感。这跟他对待教师这份职业的态度，有些相像。

　　1909 年夏天，为了负担家庭经济，鲁迅被迫放弃游学德国的计划，离开日本回国做事，这年他二十八岁。鲁迅登上海轮，开始了回故乡之路。天海一色，近乡情怯，当鲁迅打量着广袤的天宇、飘飞的白云、浩瀚的海面和翻飞的鸥鸟，翻卷着无穷的愁人心事的时候，他的心也像大海，而情绪大概不会很昂扬饱满。

　　第一份工作，是在离绍兴不远的浙江省会杭州，就任浙江两级师范学堂的教员。鲁迅逝世后，他当年的同事、后来也成为文坛名宿的夏丏尊撰有《鲁迅翁杂忆》一文，对初任教员的鲁迅作了真实生动的追忆，孙犁对这篇文章极为赞赏。夏丏尊写道：

　　　　我认识鲁迅翁，还在他没有鲁迅的笔名以前。我和他在杭州两级师范学校相识，晨夕相共者好几年，时候是前清宣统年间。那时他名叫周树人，字豫才，学校里大家叫他周先生。

那时两级师范学校有许多功课是聘用日本人为教师的，教师所编的讲义要人翻译一遍，上课的时候也要有人在旁边翻译。我和周先生在那里所担任的就是这翻译的职务。我担任教育学科方面的翻译，周先生担任生物学科方面的翻译。此时，他还兼任着几点钟的生理卫生的教课。

翻译的职务是劳苦而且难以表现自己的，除了用文字语言传达他人的意思以外，并无任何可以显出才能的地方。周先生在学校里却很受学生尊敬，他所译的讲义就很被人称赞。那时白话文尚未流行，古文的风气尚盛，周先生对于古文的造诣，在当时出版不久的《域外小说集》里已经显出。以那样的精美的文字来译物植物的讲义，在现在看来似乎是浪费，可是在三十年前重视文章的时代，是很受欢迎的。

周先生教生理卫生，曾有一次答应了学生的要求，加讲生殖系统。这事在今日学校里似乎也成问题，何况在三十年以前的前清时代。全校师生们都为之惊讶，他却坦然地去教了。他只对学生提出一个条件，就是在他讲的时候不许笑。他曾向我们说："在这些时候不许笑是个重要条件。因为讲的人的态度是严肃的，如果有人笑，严肃的空气就破坏了。"大家都佩服他的卓见。据说那回教授的情形果然很好。别班的学生因为没有听到，纷纷向他来讨油印讲义看，他指着剩余的油印讲义对他们说："恐防你们看不懂的，要么，就拿去。"原来他的讲义写得很简，而且还故意用着许多古语，用"也"字表示女阴，用"了"字表示男阴，用"幺"字表示精子，诸如此类，在无文字学素养未曾亲听过讲的人看来，好比一部天书了。这是当时的一段珍闻。

周先生那时虽尚年青，丰采和晚年所见者差不多。衣服是向不讲究的，一件廉价的羽纱——当年叫洋官纱——长衫，从端午前就着起，一直要着到重阳。一年之中，足足有半年看见他着洋官纱，这洋官纱在我记忆里很深。民国十五年初秋他从北京到厦门教书去，路过上海，上海的朋友们请他吃饭，他着的依旧是洋官纱。我对了这二十年不见的老朋友，握手以后，不禁提出"洋官纱"的话来。"依旧是洋官纱吗？"

我笑说。“呃，还是洋官纱！”他苦笑着回答我。

周先生的吸卷烟是那时已有名的。据我所知，他平日吸的都廉价卷烟，这几年来，我在内山书店时常碰到他，见他所吸的总是金牌、品海牌一类的卷烟。他在杭州的时候，所吸的记得是强盗牌。那时他晚上总睡得很迟，强盗牌香烟，条头糕，这两件是他每夜必须的粮。服侍他的斋夫叫陈福。陈福对于他的任务，有一件就是每晚摇寝铃以前替他买好强盗牌香烟和条头糕。我每夜到他那里去闲谈，到摇寝铃的时候，总见陈福拿进强盗牌和条头糕来，星期六的夜里备得更富足。

周先生每夜看书，是同事中最会熬夜的一个。他那时不做小说，文学书是喜欢读的。我那时初读小说，读的以日本人的东西为多，他赠了我一部《域外小说集》，使我眼界为之一广。我在二十岁以前曾也读过西洋小说的译本，如小仲马、狄更斯诸家的作品，都是从林琴南的译本读到过的。《域外小说集》里所收的是比较近代的作品，而且都是短篇，翻译的态度，文章的风格，都和我以前所读过的不同。这在我是一种新鲜味。自此以后，我于读日本人的东西以外，又搜罗了许多日本人所译的欧美作品来读，知道的方面比较多起来了。他从五四以来，在文字上，思想上，大大地尽过启蒙的努力。我可以说在三十年前就受他启蒙的

一个人，至少在小说的阅读方面。

周先生曾学过医学。当时一般人对于医学的见解，还没有现在的明了，尤其关于尸体解剖等类的话，是很新奇的。闲谈的时候，常有人提到这尸体解剖的题目，请他讲讲"海外奇谈"。他都一一说给他们听。据他说，他曾经解剖过不少的尸体，有老年的，壮年的，男的，女的。依他的经验，最初也曾感到不安，后来就不觉得什么了，不过对于青年的妇人和小孩的尸体，当开始去破坏的时候，常会感到一种可怜不忍的心情。尤其是小孩的尸体，更觉得不好下手，非鼓起了勇气，拿不起解剖刀，我曾在这些谈话上领略到他的人间味。

周先生很严肃，平时是不大露笑容的，他的笑必在诙谐的时候。他对于官吏似乎特别憎恶，常摹拟官场的习气，引人发笑。现在大家知道的"今天天气……哈哈"一类的摹拟谐谑，那时从他口头已常听到。他在学校里是一个幽默者。

初出茅庐、甫入社会的鲁迅，约略就是这么一副模样。

这年冬天，学校发生了一场风波，后来被称为"木瓜之役"。事情是这样的：

开明通达、与时俱进的沈钧儒另有高就（浙江省谘议局副议长）。接任监督遗缺的，是迂腐守旧的道学先生、失意官僚夏震武。此公绰号"木瓜"，本事不大，架子不小，对包括教务长许寿裳在内的各位教师，表现得傲岸而轻慢，就职的第一天，即与教员们发生冲突，引发群情激愤，双方矛盾激化，僵持不下。毕竟众怒难犯，结果，夏震武灰溜溜地辞职走人，校园恢复秩序，风平浪静。

第二年5月，鲁迅的祖母蒋氏去世。他回家奔丧并主持葬礼，诸事都依照旧俗办理。这段经历，大约是他后来写的著名短篇小说《孤独者》的主要素材来源。

鲁迅在杭州只待了一年。许寿裳去北京后，他也辞去浙江两级师范学堂教席，回到故乡绍兴，担任绍兴府中学堂监学兼博物学教员。胡愈之、孙伏园、宋紫佩等是他学生中的佼佼者，后来各有建树。

学校人事复杂，收入微薄。鲁迅的业余时间，除了搜采研究植物，就是抄辑古书。他的心情落寞而苦闷，只有在给远方好友的信件中，才得以稍事倾诉和宣泄。1910年10月14日，他致信许寿裳：

越铎日报社旧址。

> 仆荒落殆尽，手不触书，惟搜采植物，不殊
> 曩日，又翻类书，荟集古逸书数种，此非求学，
> 以代醇酒妇人者也。

1911年3月7日的信中说：

> 卖田之举去年已实行，资亦早罄，迩方析分
> 公田，……起孟来书，谓尚欲略习法文，仆拟
> 即速之返，缘法文不能变米肉也，使二年前而作
> 此语，当自击，然今兹思想转变实已如是，颇自
> 闵叹也。……越中棘地不可居，倘得北行，意

当较善乎?

鲁迅回国的主要原因之一，本来是想支持二弟在日本继续深造，提供其小家庭的花销。现在看来，力不从心。鲁迅尽量压缩自己的开支；家里剩余的最后一点田地早已卖光，所换的钱也已经用完；正打算分卖掉家族中几房共有的公田，但那又能支撑几日呢? 迅哥儿一定感觉很失败，真有几分山穷水尽一蹶不振的样子。生存的压力，犹如生铁一般冰冷而坚硬。

1911年10月10日，武昌首义爆发。随后，清朝覆灭，民国成立，鲁迅获得了新生的契机。他后来说，辛亥革命时自己"没有做过什么工作，只是高兴得很"。

绍兴光复后，鲁迅的老朋友王金发出任军政分府都督，王任命鲁迅为山会初级师范学堂监督，范爱农为监学。事情发生积极性变化，似乎可以有一番作为了。

然而好景不长。王金发"虽然也出身绿林大学，未尝'读经'(?)，但倒是还算顾大局，听舆论的，可是自绅士以至于庶民，又用了祖传的捧法群起而捧之了。这个拜会，那个恭维，今天送衣料，明天送翅席，捧得他连自己也忘乎所以，结果是渐渐变成老官僚一样，动手刮地皮"。不仅王金发"被许多闲汉和新进的革命党所包围，大做王都督"，"在衙门里的人物，穿布衣来的，不上十天也大概换上皮袍子了，天气还并不冷"。鲁迅后来对当权者根深蒂固的不信任感，当跟他辛亥革命时期的亲身经历密切相关。

宋紫佩等人打算办一份报纸来监督绍兴军政分府和王都督，想借重鲁迅、陈子英、孙德卿等当地名流的名义。鲁迅答应了，还亲自将报纸命名为《越铎日报》（后改名为《民兴日报》）。新出炉的《越铎日报》对地方当局的批评很是尖锐锋利。为了缓和矛盾，王金发送来一笔钱。报社不顾鲁迅的反对，欣然笑纳，但继续骂不绝口。这让王都督十分不满。鲁迅夹在当中，两面不讨好，左右为难，进退维谷。

天无绝人之路。事情很凑巧，正在这时，许寿裳来信催他去南京教育部履新。鲁迅很兴奋，范爱农也很赞成，但颇凄凉，说："这里又是那样，住不得。你快去罢。……"

两三个星期后，《越铎日报》报馆被一群大兵捣毁。陈子英当时在乡下，躲过一劫；正在城中的孙德卿则没有这么幸运，大腿上被刺了一刀。

当时，鲁迅一度回归后已经再次出走，离开故乡，远走高飞。

扶桑正是秋光好

　　1931 年 3 月，日本青年学者增田涉带着著名作家佐藤春夫的介绍信来到上海，经内山完造引见，得以拜会鲁迅。他很幸运，于是有了师事鲁迅、当面请益的机会。增田涉对鲁迅的《中国小说史略》及小说、散文和杂文都有浓厚兴趣并且非常佩服，准备将之译成日文出版，但对不少地方感到费解。12 月，他结束上海之行回国。临行前，鲁迅赋诗一首送别：

　　　　扶桑正是秋光好，枫叶如丹照嫩寒。
　　　　却折垂杨送归客，心随东棹忆华年。

　　惜别之情，溢于言表。我想，鲁迅一定触景生情，别有感焉，情不自禁地回忆起自己当年东渡扶桑、负笈东瀛的日子，想起上野的樱花、富士山的冬雪、松岛湾的

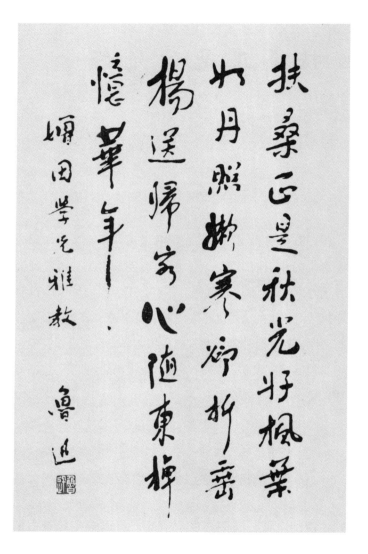

鲁迅 1931 年 12 月作七绝《送增田涉君回国》："扶桑正是秋光好，
枫叶如丹照嫩寒。 却折垂杨送归客，心随东棹忆华年。"

松树和箱根的温泉，想起水户的朱舜水遗迹和仙台的藤野先生，想起"自题小像"的豪情和《新生》夭折的无奈……他会默默点燃一支烟，静静看着窗外的夜空、星月和流云，轻轻感喟如烟如梦、渐行渐远的青春岁月。

1902 年 1 月，鲁迅以一等第三名的成绩从南京矿路学堂毕业，随后获得官派公费去日本留学的机会。他说：

> 清光绪中，曾有康有为者变过法，不成，作为反动，是义和团起事，而八国联军遂入京，这年代很容易记，是恰在一千九百年，十九世纪的结末。于是清朝官民，又要维新了，维新有老谱，照例是派官出洋去考察，和派学生出洋去留学。我便是那时被两江总督派赴日本的人们之中的一个。

3 月 24 日，与同学三人乘日轮"大贞丸"号离南京经上海转赴日，4 月 4 日抵横滨，稍后到达东京。由此直到 1909 年 8 月回国任教，鲁迅在日本学习、生活的时间长达七年有余，差不多占据了整个青春时期。

鲁迅先入东京弘文学院江南班学习日语。在这里，他与浙江班的许寿裳结识，两人志同道合，形影不离，成为终生不渝的挚友。据许寿裳说："鲁迅的海外八年和杭

与留日同学合影。后排右为鲁迅，左为许寿裳（1883-1948，字季黻，号上遂，学者，教育家），两人从此结为终生好友。

州教书一年，我几乎是晨夕相见的。就是中间他去仙台学医了，每逢寒假春假和暑假也必回到东京和我同住在一个旅馆。"他们不会盘着辫子去"咚咚咚"学跳舞，也不屑在外国关起门来炖牛肉吃。他们最关心的，是祖国的前途与命运，以及如何为之竭尽自己的一份力量。他们讨论得最多的，是三个相连的问题：

1. 怎样才是理想的人性？

2. 中国国民性中最缺乏的是什么？

3. 它的病根何在？

我注意到，在革命压倒一切的思潮与氛围下，鲁迅最关心的居然是社会伦理方面的话题，与现实政治并无直接关联。

1904年4月，鲁迅在弘文学院卒业。他本来有可能去成城学校学习陆军，成为一名军官；或者到东京帝国大学工科所属的采矿冶金专业学习，成为一名工程师——然而都因故未果。也许，这就是命运？

同年9月，鲁迅入仙台医学专科学校习医。次年即退学，回到东京。学医及退学的缘由，他自己说得很清楚，大家也都耳熟能详，兹不赘述。

旅日的大部分时间，鲁迅都在东京闲住，自行阅读、思考、写作。其间，还学过俄语、德语，并师从章太炎研习小学。一度拟筹办文学刊物《新生》，并做了不少实际准备工作，终因缺少资金和合作伙伴，胎死腹中。

以下，梁某尝试从五个方面入手，对鲁迅旅日期间的阅读、创作和思想，略作述评。

1. 中国与日本

千年中华帝国，虽然治乱相因，但一贯自我感觉良好。对周边小国，更视作"蕞尔戎狄"，不屑一顾，充满傲慢与偏见。

鸦片战争失败后，国门被强行打开，老大帝国饱受屈辱。少数敏感人士开始睁开眼睛看世界，若干西方典籍广为流布，变法图强的思潮逐渐浸润弥漫，中华文化的道统及功效受到广泛质疑并开始断裂。

1874 年，李鸿章上奏说：

> 历代备边多在西北，其强弱之势，客主之形，皆适相埒。犹有中外界限（梁按：中外界限指长城）。今则东南海疆万余里，各国通商传教，来往自如，麇集京师及各省腹地……实为数千年来未有之变局。

伊藤博文

《蹇蹇录》是日本近代史上的政治家、外交家陆奥宗光所著的外交回忆录。陆奥宗光在甲午战争期间任日本外务大臣，本书披露了大量日本高层在甲午战争中的外交决策内幕，具有很高的史料价值，是研究甲午战争的必备史料。

既然是"数千年来未有之变局"，一味因循守旧显然为时势所不许，采用常规手段亦将无济于事。可惜肉食者鄙，未能远谋。持续十余年的太平天国运动，对国力造成极大损耗。甲午战争失败，洋务重臣李鸿章苦心经营多年、虚名在外的北洋水师全军覆灭。堂堂大清帝国，不惟不是英法列强的对手，而且被自己从来看不上眼的"东夷岛蛮"倭寇任意欺凌，其外强中干、一戳就破的纸老虎面目无所遁形地暴露于世人面前。割地赔款、丧权辱国的《马关条约》虽然直接刺激了戊戌变法的发生，但守旧势力根深蒂固，倒行逆施，百日维新很快失败。义和团运动和慈禧太后的昏悖顽固招致了八国联军攻占北京的空前灾难。《辛丑条约》的签订，不惟大清帝国颜面扫地，更让国民背上了赔偿列强 4.5 亿两白银的沉重经济负担。清政府白白浪费了约半个世纪极可宝贵的光阴。当清廷终于姗姗来迟地意识到改革的必要性和迫切性时，历史却不会再给它提供时间和机会——这时，革命，而非改良，已成为人心所向的第一选项。更何况，反封建专制的民主革命同时又夹杂着反清贵族的民族革命，这使得问题更加复杂化。清廷穷于应付，一筹莫展。"驱除鞑虏，恢复中华，创立民国，平均地权"，成为 1905 年成立的革命大同盟——中国同盟会的最高宗旨。清政府贪贿公行，道义沦丧，人心离散，风雨飘摇。其衰朽灭亡，只是一个时间问题，已不待智者可知。

相反，弹丸之地的落后岛国日本自从 1868 年开始明治维新、进行全方位改革后，"脱亚入欧"进程顺利，国力迅猛提升，政治、经济、军事、科学、交通、文化、医疗、教育……各方面都飞速拉近了与西方强国的水平，国家面貌蒸蒸日上，焕然一新。1894 年的中日甲午战争和 1904 年的日俄战争，起先不为人看好的日军先后取得完胜，以令人刮目相看的综合实力为日本博得了国家利益最大化，在全世界面前宣示了自己不容忽视的力量。日本取得了与欧美列强平起平坐的地位和话语权，开始称霸远东。

中国留日学生最多时达到近万人，其中后来成为民国各行各业中坚力量的骨干人才比比皆是。举个简单的例子：拙著《百年五牛图》的五位主角，除出生最晚的林彪外，其余鲁迅、蔡锷、张季鸾、陈寅恪四人，均曾留学日本。留日学生中的大多数人，都像鲁迅一样，对日本怀着一种十分复杂的感情：一方面，作为坚定的民族主义者，对中华历史、国家和文化都抱有一种与生俱来、血脉相连、无与伦比的强大牵引和深切认同感，所作所为的终极目的都是为了中国的富强与崛起；另一方面，耳闻目睹亲身领略了日本的进步、强健、务实、认真和集体精神，对东邻及其人民、文艺乃至山水都不免产生由衷的好感，并由此得出强烈的对比，更痛感清廷的抱残守缺和祖国的保守落后。自尊的本能与学习的冲动交织在一起，搅痛了青年学子们激昂热切的敏感的心。

我特别注意到一个有趣现象：中国上层社会历来有亲美（英）派、亲俄（苏）派，却不曾有过真正意义上的、成气候的亲日派。窃以为这是值得中日两国有识之士深长思之的。

2. 辫子的故事

辫子问题，曾是满汉畛域的一个心结。

章太炎在他的名作《狱中赠邹容》中曾特意写道："邹容吾小弟，被发下瀛洲。快剪刀除辫，干牛肉作糇。"

对头发，尤其是对拖在脑后的辫子，鲁迅的感触可谓刻骨铭心。他曾在文章中对这条"猪尾巴"言之再四，小说、散文、杂文、诗歌诸类题材中都有述及，有的干脆以之命名，痛愤嬉笑，兼而有之。这是很少见的。

鲁迅后来回忆说：在留学前"对于排满的学说和辫子的罪状和文字狱的大略，是早经知道了一些的，而最初在实际上感到不便的，却是那辫子"。那宝物"一不便于脱帽，二不便于体操，三盘在囟门上，令人很气闷"。

他说，"对我最初提醒了满汉的界限的不是书，是辫子。这辫子，是砍了我们古人的许多头，这才种定了的，到得我有知识的时候，大家早忘却了血史"，反倒以为留辫子"才可以算是一个正经人了"。又说："假如有人要我颂革命功德，以'舒愤懑'，那么，我首先要说的就是剪辫子。"

如果将鲁迅诗文中有关辫子的由来及其本来意义、象征意义和关于辫子的故事统统搜集起来作一篇专门文章，一定会别开生面，饶有情趣。

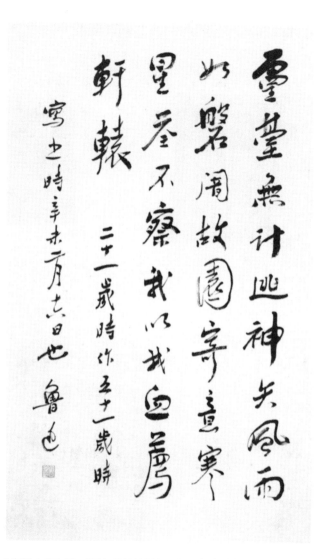

《自题小像》诗："灵台无计逃神矢，风雨如磐暗故园。寄意寒星荃不察，我以我血荐轩辕。"

1903 年，鲁迅在弘文学院江南班第一个毅然剪掉辫子，切割了这一与腐败政府和衰朽文化之间具有标志性关系的脐带。他特意去照了一张相，并遍赠亲友。照片上的青年鲁迅，显得是那样精神饱满，英姿勃勃，充满生机与活力。受赠者自然少不了好友许寿裳，而且他还得到"后补以诗"的格外惠赠，这就是著名的《自题小像》：

灵台无计逃神矢，风雨如磐暗故园。

寄意寒星荃不察，我以我血荐轩辕。

由此可见青年时代鲁迅的感触与抱负。

许氏后来曾加以诠释："首句之神矢，盖借用罗马神话爱神之故事，即异域典故。全首写留学异邦所受刺激之深，遥望故国风雨飘摇之感，以及同胞如醉，不胜寂寞之感，末句则直抒怀抱，是其毕生实践之誓言。"

3. 章太炎与藤野

鲁迅的老师很多，他独对其中的两人终身怀有诚挚的敬意和深厚的情感：他们是中国的章太炎和日本的藤野严九郎。

章太炎

旅日期间，鲁迅在思想上是倾向于激烈排满的。"凡留学生一到日本，急于寻求的大抵是新知识。除学习日文，准备进专门的学校之外，就赴会馆，跑书店，往集会，听演讲。"往何集会？听谁演讲？十之八九，都是革命者宣扬排满。他特别推崇邹容的小册子《革命军》，认为别人千言万语，抵不过《革命军》的浅近直接。

鲁迅与光复会领袖章炳麟、陶成章等关系良好，过从甚密。他甚至可以当面开玩笑叫陶成章"焕皇帝""焕强盗"（梁按：陶字焕卿）。他与太炎先生，更有师弟之谊。但"似乎还没有肯参加过实际行动"。

鲁迅说："革命的领袖者，是要有特别的本领的，我却做不到。"有一次，鲁迅看见一位革命领袖朋友泰然自若谈天说地，而当时当地就有他的部下在执行命令丢炸弹进行暗杀活动。当震耳欲聋的爆炸声传来的时候，鲁迅想到行刺者可能惨死的情状，感到惊怖烦躁。回顾领袖，却面不改色心不跳，若无其事，这让少见多怪的鲁迅惊诧莫名，感佩不置，自叹弗如，自甘弗如。他说："革命者叫你去做，你只得遵命，不许问的。我却要问，要估量这事的价值，所以我不能够做革命者。"又说："凡做领导的人，一须勇猛，而我看事情太仔细，一仔细，即多疑虑，不易勇往直前，二须不惜用牺牲，而我最不愿使别人做牺牲（这其实还是革命以前的种种事情的刺激结果），也就不能有大局面。"所以他不想做领袖，不肯当刺客，不愿加入任何政党组织。

鲁迅后来意识到自己"决不是一个振臂一呼应者云集的英雄"。其实，早在这时，就不难发现，他也绝不是一个义无反顾勇往直前的革命家。

他真正感兴趣的事情说到底一直只是："发点议论，印点关于文学的书。"

作为"有学问的革命家"，章太炎的身份相当特殊：他既是数一数二的国学大师，学问出众，成就斐然，又是名闻遐迩的有"实际行动"的革命家，还担任过重要革命团体光复会名义上的领袖。太炎孤标独树，直言直行。"考其生平，以大勋章作扇坠，临总统府之门，大诟袁世凯的包藏祸心者，并世无第二人；七被追捕，三入牢狱，而革命之志，终不屈挠者，并世亦无第二人。"其实，章太炎代表革命派与康有为的保皇党论战，淋漓痛快，所向披靡，并世亦无第二人；直斥中山不是，褫其神圣面具，示人本相，充分展现出敢言敢怒、君子和而不同风范，并世亦无第二人。"这才是先哲的精神，后生的楷模。"

鲁迅对章太炎一直很尊崇，每逢提起，必称先生，执弟子礼甚恭。对师尊晚年的一些言行，鲁迅内心颇有保留，却能下笔委婉公允，议论堂皇正大，揆情度理，颇多恕词。倒是同为章门弟子的二弟作人愤慨激越，甚至要学样其师"谢本师"。这实在是很有兴味的事情。

鲁迅临终前连续写了两篇文章，追念不久前去世的章太炎。他说：

> 前去听讲也在这时候，但又并非因为他是学者，却为了他是有学问的革命家，所以直到现在，先生的音容笑貌，还在目前，而所讲的《说文解字》，却一句也不记得了。
>
> ……
>
> 战斗的文章，乃是先生一生中最大，最久的业绩，假使未备，我以为是应该一一辑录，校印，使先生和后生相印，活在战斗者的心中的。

鲁迅特别强调章太炎作为革命家、战士的一面，认为"先生的业绩，留在革命史上的，实在比在学术史上还要大"。这是比较另类的看法。其实章氏早就是"退居于宁静的学者，用自己所手造的和别人所帮造的墙，和时代隔绝了"。

鲁迅当时已重病在身，"颇虞奄忽"。他是不是在借此暗示提醒后人应该同样看待他自己及其晚年那些"战斗的文章"呢？人的思想和行为，人之本身，充满着深刻的矛盾。

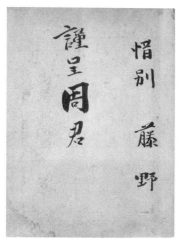

藤野严九郎（藤野先生）赠送给鲁
迅的照片，及其背面题字。

藤野先生是鲁迅在仙台医学专科学校的解剖学教授。他们自仙台分别后，再也没有见过面，也从未通过信。但鲁迅对这位他心目中的异国恩师一直未能忘情，后来还专门写下深情款款的回忆文章《藤野先生》，作为纪念。鲁迅写道：

　　　但不知怎地，我总还时时记起他，在我所认为我师的之中，他是最使我感激，给我鼓励的一个。有时我常常想：他的对于我的热心的希望，不倦的教诲，小而言之，是为中国，就是希望中国有新的医学；大而言之，是为学术，就是希望新的医学传到中国去。他的性格，在我的眼里和心里是伟大的，虽然他的姓名并不为许多人所知道。

　　　……他的照相至今还挂在我北京寓居的东墙上，书桌对面。每当夜间疲倦，正想偷懒时，仰面在灯光中瞥见他黑瘦的面貌，似乎正要说出抑扬顿挫的话来，便使我忽又良心发现，而且增加勇气了，于是点上一枝烟，再继续写些为"正人君子"之流所深恶痛疾的文字。

　　鲁迅晚年与日本朋友通信时，曾多次打听藤野的下落，但一直杳无音信。增田涉翻译的《鲁迅选集》即将在日本出版，译者特意在 1934 年 11 月 25 日写信给作者，征询其对选文的意见。得到的答复是："我要放进去的是一篇也没有了，只有《藤野先生》一文，请译出补进去。"

鲁迅如此。那么藤野呢？

藤野后来离开仙台医专，回到故乡福井县本庄村开了一个诊疗所，环境偏僻，与外界联系很少。1935 年，他才从儿子的中学汉文老师那里知道他的中国学生周树人成了大文豪鲁迅，还把他写进了书里，推崇备至。平和淳厚的藤野先生一方面很高兴，另一方面也有所不安。1936 年 10 月从报纸上获悉鲁迅逝世的消息后，他写下《谨忆周树人君》一文，其中说：

> 周君临别时来我家道别，不过我忘记这次最后会面的具体时间了。据说周君直到去世一直把我的照片挂在寓所的墙上，我真感到很高兴。可是我已经记不清是在什么时候、以什么样的形式把这张照片赠送给周君的了。……如果是毕业生的话，我会和他们一起拍纪念照，可是一次也没和周君一起照过像。周君是怎样得到我这张照片的呢？说不定是妻子赠送给他的。

他依稀记得有过这么一个"清国留学生"，但印象已经十分模糊。就说这张照片吧，明明是他亲手赠给鲁迅的，背面还用毛笔写着"谨呈周君惜别 藤野"的字样；他还要鲁迅也送他一张照片以作留念，得知学生手头没有照片时，又叮嘱鲁迅将来照了再送给他，并且时时通信告诉他此后的情况。

可现在，他"一些也不记得了"。

> 我虽然被周君尊为唯一的恩师，但我所作的只不过是给他添改了一些笔记。因此被周君尊为唯一的恩师，我自己也觉得有些不可思议。

这是平实之论。自己并不经意的分内之事、滴水之恩，被孤独敏感举目无亲的异国学生有意无意间放大了 N 倍，并被拔高到政治正确的高度。我第一次读了藤野这篇文章后，"也觉得有些不可思议"。

这似乎说明：鲁迅极度匮乏因而也格外需要来自亲朋师友的哪怕是一丝丝温情，他对此极为珍惜看重。"这真是少有的好意。我真不知道应该怎样感激！"滴水之恩，视同涌泉。鲁迅实为性情中人，快意恩仇，睚眦必报，洞明世事却不见得练达人情。

写到这里，忽然想起似乎与此并不相干也互不相干的三段让梁某印象深刻的话。

柔石刚开始与鲁迅有所接触时，曾喜滋滋地写信给他的兄长说：

> 福（梁按：柔石自称。柔石原名赵平福）已将小说三册，交与鲁迅先生批阅，鲁迅先生乃当今有名之文人，如能称誉，代为序刊印行，则福前途之运命，不愁蹇促矣。

许广平 1926 年 11 月 16 日致信鲁迅：

> 你的弊病，就是对一些人太过深恶痛绝，简直不愿同在一地呼吸，而对一些人则期望太殷，于是不惜赴汤蹈火，一旦人家不以此种为殊遇而淡漠处之，或以寻常人者对你，你则感觉悲哀极了。这原因，是由于你的感觉太锐敏太热情，其实世界上你所深恶痛绝的和期望太殷的，走到十字街头，还不是一样吗，而你把十字街头的牛鬼蛇神硬搬到"象牙之塔""艺术之宫"，这不能不说是小说家，取材失策，如果明了凡有小说材料，都是空中楼阁，自然心平气和了。

鲁迅的学生和朋友孙伏园说：

> 鲁迅先生待人处世，第一步总是厚重宽大，万一因为厚重宽大而上了当，别人对他太不厚重宽大时，他的还击的力量往往是很可观的。

将以上种种综合起来看，鲁迅的真实形象已经呼之欲出。

4. 屈原与离骚

鲁迅对中华传统文化下过很深功夫，造诣精深，见解独到，其中关于楚辞和汉魏六朝思想文化研究部分，最具心得。屈原与嵇康对他的影响，至为明显。这里单拈出屈原和楚辞与鲁迅的瓜葛，稍作分说。

鲁迅对楚辞尤其是《离骚》，非常熟悉、喜爱，写作诗文和日常言谈，可以随时、随意、随处摘录、点化、引用。旅日期间，许寿裳曾问他最爱诵《离骚》的哪几句，鲁迅不假思索脱口而出：

> 朝吾将济于白水兮，

登阆风而马。

忽反顾以流涕兮，

哀高丘之无女！

　　他的诗稿中，与楚辞有关联的，占了一半以上，从早年（如"寄意寒星荃不察"）到暮岁（如"老归大泽菰蒲尽"），兴致未曾少衰。有的甚至全篇每句都用骚辞（如"一枝清采妥湘灵"）。《彷徨》的题记也是用了八句《离骚》（"朝发轫于苍梧兮"）中的成句，抒发自己日暮途远、迷茫寂寞的感慨。据1924年8月8日《鲁迅日记》载："自集《离骚》句为联，托乔大壮写之。"这副借以自勉的名联至今仍悬挂在北京鲁迅旧居"老虎尾巴"的西墙上，与东墙上藤野先生的照片默然相对。联语是：

望崦嵫而勿迫

恐鹈鴂之先鸣

　　然而对屈原，鲁迅也有比较深刻的不满。他写道：

　　惟灵均将逝，脑海波起，通于汨罗，返顾高丘，哀其无女，则抽写哀怨，郁为奇文。茫洋在前，顾忌皆去，怼世俗之浑浊，颂己身之修

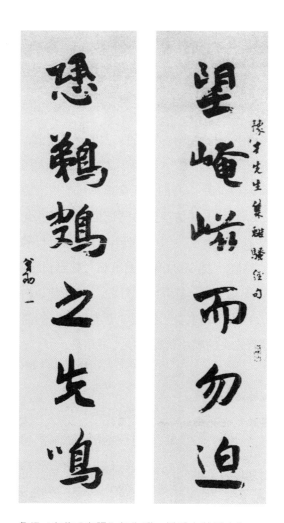

鲁迅"自集《离骚》句为联,托乔大壮写之"。

辞曰:"望崦嵫而勿迫,恐鹈鴂之先鸣。"

能，怀疑自遂古之初，直至百物之琐末，放言无
惮，为前人所不敢言。然中亦多芳菲凄恻之音，
而反抗挑战，则终其篇未能见，感动后世，为
力非强。刘彦和所谓才高者菀其鸿裁，中巧者
猎其艳辞，吟讽者衔其山川，童蒙者拾其香草。
皆著意外形，不涉内质，孤伟自死，社会依然，
四语之中，函深哀焉。故伟美之声，不震吾人
之耳鼓者，亦不始于今日。

鲁迅认为屈赋缺少的是"反抗挑战"的精神，刚健
"伟美"的宏声。鲁迅爱而能知其不足，入而能出。他的
文字，瘦马铜音，金声玉振，雄深雅健，苍凉劲拔，转益
多师，自成大家。无论为人为文，鲁迅的骨力尤显劲健，
这是其显著特色，也是他明确地自我选择的结果。

鲁迅发问：

今索诸中国，为精神界之战士者安在？有作
至诚之声，致吾人于善美刚健者乎？有作温煦之
声，援吾人出于荒寒者乎？

鲁迅是清醒的，也是傲岸自负的。多年以后，他自

己对以上问题作了回答：

> 曾惊秋肃临天下，
>
> 敢遣春温上笔端。
>
> ……

这分明可以看作夫子自道。鲁迅自己，不就是不脱诗人本色的"精神界之战士"吗？

5. 别求新声于异邦

"中国国民性最缺乏的是什么？"鲁迅后来做出过明确回答：缺乏"精神燃料"。

那么，该怎么办呢？他认为，只有"别求新声于异邦"。

旅日期间，鲁迅如饥似渴地阅读了大量西方典籍，进行了深入的思考比较，并勤奋著译，出版、发表了一批作品，广泛涉及科学、矿产、社会、政治、哲学、文学等多个领域。其中尤为值得关注的，是他的两篇长篇论文《摩罗诗力说》和《文化偏至论》。

鲁迅对洋务运动和维新运动都评价不高。他期待用鲁迅诗《亥年残秋偶作》：

"曾惊秋肃临天下，敢遣春温上笔端。

尘海苍茫沉百感，金风萧瑟走千官。

老归大泽菰蒲尽，梦坠空云齿发寒。

竦听荒鸡偏阒寂，起看星斗正阑干。"

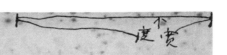

中国起了火

翰斯·迈伊尔 作

中国到处伸出烈焰的舌头。
大猛火一直冲到天宇。
地面以被千万的狂呼而烧红：
从顺的中夏之邦起了火。

二

这火决不是龙舟的祭赛，
也绝不是为佛陀和基督而腾舞；
如山奕奕的此是自由和饥饿的
铁律的丰碑：中国起了火。

鲁迅翻译的奥地利革命诗人迈伊尔的抗议诗《中国起了火》的手稿。

新文艺为武器，唤醒国人，以打破"中国之萧条"，掀起一个震撼人心、改造社会、提升国力的启蒙运动。他说：

今且置古事不道，别求新声于异邦，而其因即动于怀古。新声之别，不可究详；至力足以振人，且语之较有深趣者，实莫如摩罗诗派。摩罗之言，假自天竺，此云天魔，欧人谓之撒但，人本以目裴伦。今则举一切诗人中，凡立意在反抗，指归在动作，而为世所不甚愉悦者悉入之，为传其言行思惟，流别影响，始宗主裴伦，终以摩迦（匈加利）文士。凡是群人，外状至异，各禀自国之特色，发为光华；而要其大归，则趣于一：大都不为顺世和乐之音，动吭一呼，闻者兴起，争天拒俗，而精神复深感后世人心，绵延至于无已。虽未生以前，解脱而后，或以其声为不足听；若其生活两间，居天然之掌握，辗转而未得脱者，则使之闻之，固声之最雄桀伟美者矣。然以语平和之民，则言者滋惧。

吾今为案其为作思惟，索诗人一生之内蒇，则所遇常抗，所向必动，贵力而尚强，尊己而好战，其战复不如野兽，为独立自由人道也，此已略言之前分矣。故其平生，如狂涛如厉风，举

> 一切伪饰陋习，悉与荡涤，瞻顾前后，素所不知；精神郁勃，莫可制抑，力战而毙，亦必自救其精神；不克厥敌，战则不止。而复率真行诚，无所讳掩，谓世之毁誉褒贬是非善恶，皆缘习俗而非诚，因悉措而不理也。

鲁迅专门介绍了拜伦、雪莱、普希金、莱蒙托夫、裴多菲等八位积极浪漫主义诗人及其作品，赞颂他们"不克厥敌，战则不止"，向上帝、市侩、恶势力及一切虚伪丑恶者反抗扫荡的战斗精神。"摩罗"即"魔鬼"，是上帝的信徒加在这些叛逆者头上的恶谥。鲁迅则对他们"举全力以抗社会，宣众生平等之言，不具权威，不跽金帛，洒其热血，注诸韵言""其力如巨涛，直薄旧社会之柱石""立意在反抗，指归在动作，而为世所不甚愉悦"的作品大加赞赏，称之为"摩罗诗派"，赞之为"精神界之战士"。他指出："上述诸人，其为品性言行思惟，虽以种族有殊，外缘多别，因现种种状，而实统于一宗：无不刚健不挠，抱诚守真；不取媚于群，以随顺旧俗；发为雄声，以起其国人之新生，而大其国于天下。"

鲁迅认为，西方文明在近代取得了巨大成就，虽然值得效法，但是也出现了明显的偏颇。盲目照搬，尤其只是注重物质文明的话，将无助于中国的富强与进步。他强调"立人""尊个性而张精神"的重要性，主张"掊物质而张灵明，任个人而排众数"。鲁迅批评一些人盲目崇拜"物质""众治"的做法，认为他们"近不知中国之情，远复不察欧美之实"，只不过是"假力图富强之名"牟取一己私利，鼓吹"立宪国会"欺骗国民，"托言众治，压制乃尤烈于暴君"。这些思想的深刻性和前瞻性，百年之后的今天看来，依然让人感到震撼与惆怅。

何谓"物质""众数"？鲁迅说得很清楚："物质"，指的是"黄金黑铁""制造商估"，亦即物质文明；"众数"，指的是"平等""众治"招牌下的"立宪国会"，亦即制度文明。

一直有人批评鲁迅不重视制度性建设，这是一种似是而非的皮相之见。在鲁迅看来，"立人"才是第一位的，没有什么比这个更重要。什么质素的人民，就配有什么质地的政府。德、日是帝制国家，英国的政体是君主立宪，法、美则是共和国——这些国家相互之间的情况如此不同，但它们都成了国家强大、人民富足的强国。所以他后来一再强调："此后最要紧的是改革国民性，否则，无论是专制，是共和，是什么什么，招牌虽换，货色照旧，全不行的"；"专挂招牌，不讲货色，中国大抵如斯"。

鲁迅写道：

由是观之，欧洲十九世纪之文明，其度越前古，凌驾亚东，诚不俟明察而见矣。然既以改革而胎，反抗为本，则偏于一极，固理势所必然。洎夫末流，弊乃自显。于是新宗蹶起，特反其初，复以热烈之情，勇猛之行，起大波而加之涤荡。直至今日，益复浩然。其将来之结果若何，盖未可以率测。然作旧弊之药石，造新生之津梁，流衍方长，曼不遽已，则相其本质，察其精神，有可得而征信者。意者文化常进于幽深，人心不安于固定，二十世纪之文明，当必沉邃庄严，至与十九世纪之文明异趣。新生一作，虚伪道消，内部之生活，其将愈深且强欤？精神生活之光耀，将愈兴起而发扬欤？成然以觉，出客观梦幻之世界，而主观与自觉之生活，将由是而益张欤？内部之生活强，则人生之意义亦愈邃，个人尊严之旨趣亦愈明，二十世纪之新精神，殆将立狂风怒浪之间，恃意力以辟生路者也。中国在今，内密既发，四邻竞集而迫拶，情状自不能无所变迁。夫安弱守雌，笃于旧习，固无以争存于天下。第所以匡救之者，缪而失正，则虽日易故常，哭泣叫号之不已，于忧患又何补矣？

他的根本意见是：

> 此所为明哲之士，必洞达世界之大势，权衡校量，去其偏颇，得其神明，施之国中，翕合无间。外之既不后于世界之思潮，内之仍弗失固有之血脉，取今复古，别立新宗。

时光流逝，倏忽百年。迄今，我看不出有什么比这更高明、更通达、更切实可行的见解。

鲁迅满怀深情地期待："国人之自觉至，个性张，沙聚之邦，由是转为人国。人国既建，乃始雄厉无前，屹然独见于天下，更何有于肤浅凡庸之事物哉？"

伽达默尔经常提及柏拉图《对话录》中的一个故事：据说人类本是一种球形的生命体，后因行为恶劣被天神劈为两截。从此，每个人作为被劈开的半个始终在寻求着生命的另一半，这便是爱。

只有爱是不会忘记的。鲁迅早期的"立"，晚年的"骂"，在一定意义上，亦可作如是观，都是源于对这个国家和民族的爱。

一个令我深感兴趣的事实是：鲁迅青年时代就接触到克尔凯郭尔和尼采的著述并深受其影响，而且这种影响一以贯之，直至晚年。

雅斯贝斯在《理性与存在》中独具只眼地指出："目前哲学状况是以下面这个事实为特征的，即克尔凯郭尔和尼采这两位哲学家在他们生前受到忽视，以后长时间内一直在哲学史上受人轻视，而现在他们的重要性则越来越不断地增长。黑格尔以后的其他一切哲学家正越来越失势而引退，而今天这两个人则不容争辩地作为他们时代的真正伟大思想家而站了出来。"

《摩罗诗力说》的题记就是尼采语录："求古源尽者将求方来之泉，将求新源。嗟我昆弟，新生之作，新泉之涌于渊深，其非远矣。"在《文化偏至论》中，他分别介绍了克尔凯郭尔、叔本华、尼采等人的哲学思想。

鲁迅明确写道："至丹麦哲人契开迦尔（S. Kierkegaard）则愤发疾呼，谓惟发挥个性，为至高之道德，而顾瞻他事，胥无益焉。"

刘小枫在 1997 年 7 月为工人出版社"克尔凯郭尔文丛"所写的"总序"中说："早在五四新文化运动之前，尼采和克尔凯郭尔都已进入汉语文化界。但汉语知识人很快亲近尼采，对 Kierkegaard 一直陌生，未见过有哪位文化名人亲近过他。"

其实，国内学术界首篇关于鲁迅与克尔凯郭尔比较研究的优秀专题论文，即唐云的《鲁迅与克尔凯郭尔及其他》，已在 1996 年第 1 期的《新东方》发表。这个刘小

克尔凯郭尔　　　　　　　《人生道路诸阶段》书影

枫容或没有及时看到。但是，写过《拯救与逍遥》的刘当不至于对鲁迅的《文化偏至论》视而不见吧？查《鲁迅日记》，他晚年仍在搜购阅读克尔凯郭尔的著作。"文化名人"鲁迅与"存在主义的精神之父"克尔凯郭尔之间，实在不能说不亲近。

　　克尔凯郭尔一些最重要的思想，比如强调个人不可还原的独特性及"个人"与"庸众"的对立，对主观性的注重和突出研究主观情绪，对生活和生命本身的悲观主义态度，非决定论和重视人的自由选择，怀疑精神和反理性主义……都对鲁迅有不容忽视的深刻影响，是鲁迅精神结构的重要（也许是核心）组成部分。

尼采

《苏鲁支语录》书影

　　尼采的"权力意志"和"超人"理论对鲁迅的影响同样巨大。正如汪晖所指出："鲁迅终其一生都保留着对尼采的兴趣，那种深刻的孤独感、人生悲剧感和大破坏、大激愤、大憎恶、大轻蔑的情绪方式，久久地萦绕在鲁迅的灵魂深处，使人仿佛听到了尼采的遥远的回声。"

　　1908 年，鲁迅发表《破恶声论》（未完）。此后，进入十年沉默期。他说：

　　　　我感到未尝经验的无聊，是自此以后的事。

　　　　我当初是不知其所以然的；后来想，凡有一人的主张，得了赞和，是促其前进的，得了反对，是促其奋斗的，独有叫喊于生人中，而生人并无反应，既非赞同，也无反对，如置身毫无边际的荒原，无可措手的了，这是怎样的悲哀呵，我于是以我所感到者为寂寞。

这寂寞又一天一天的长大起来，如大毒蛇，缠住了我的灵魂了。

但我分明看到，青年鲁迅，已经表现出超人的才华和见识。他只是暂时沉潜下来，"潜龙在渊"。他在深化、融合、体味、累积，一旦时机成熟，就会横空出世，破壁而飞，矫矫然于天地之间。

少年哀乐过于人

　　1881 年 9 月 25 日，即清光绪七年农历八月初三，岁次辛巳，肖蛇，浙江省绍兴府城内东昌坊口新台门周家，诞生了一个男婴。身为一家之长却远在北京候补的祖父喜得长孙出世的家信后，欣然为孩子命名樟寿，字豫山，小名阿张；后改名树人，字豫才——他就是后来的鲁迅。

　　周家是一个聚族而居的大户人家，祖籍湖南道州，16 世纪明正德年间迁居浙江绍兴。鲁迅的祖父周福清，字介孚，中过进士，点过翰林，放过知县，当过京官。以书香门第而兼官宦人家，是当时最为风光体面的势派，也颇能得到一般绅民的敬畏。祖母蒋氏是一位慈善的老人，特别疼爱鲁迅，经常在夏夜让小孙儿躺在大桂花树下的小板桌上，摇着大芭蕉扇为他讲一些诸如"猫是老虎的先生""白蛇娘娘"之类的民间故事，或是让他猜谜语，鲁迅晚年还觉得津津有味，记忆犹新。父亲周凤仪，秀才，是黄仲则所谓"百无一用是书生"的那种人，身体也不好。母亲鲁瑞，绍兴会稽东北乡安桥头人，清举人鲁希曾的三女。安桥头"是一个离海边不远，极偏僻的临河的小村庄，住户不满三十家，都种田，打鱼，只有一家很小的杂货店"，可那儿却是童年鲁迅的乐园。鲁家后来迁居皇甫庄。鲁瑞性格刚毅，有主见，平和通达，乐于助人，对底层劳动者尤其和善，而且颇能接受新思潮。清末，鲁瑞不畏流言蜚语，毅然剪发放足。她又很好学，"以自修得到能够看书的学力"，爱读小说弹词，鲁迅经常亲自为她选购书籍。鲁迅平生受母亲影响很深，孝顺侍奉母亲小心细致毕恭毕敬，并在兄弟间承担了绝大部分相关生活费用。梁某年少无知时乱翻《鲁迅书信集》，看到他写给母亲的信开头总是"母亲大人膝下，敬禀者……"，这在当时能见到的读物中显得非常特别，印象奇异深刻。

鲁迅有三个弟弟，一个妹妹。二弟作人，三弟建人，都是知名度很高的人物，各有建树。四弟椿寿，妹妹端姑，都不幸夭折。出生才十个月的妹妹病笃弥留时，鲁迅一个人躲在屋角暗暗哭泣。母亲发现后过去问他为什么，他回答："为妹妹啦！"那年他才八岁，已经对爱和痛苦的感觉敏感如斯。

周福清虽然很有学问，在乡党眼中更是个响当当的人

父亲周凤仪（1861-1896，字伯宜）画像。

母亲鲁瑞（1858-1943）生于绍兴乡下。
育四子一女（一子一女早夭）。

物，他自己却因仕途坎坷，并不得意，因而牢骚满腹，脾气很坏，经常骂人。周作人回忆说："介孚公爱骂人，自然是家里的人最感痛苦，虽然一般人听了也不愉快，因为不但骂的话没有什么好听，有时话里也会有刺，听的人疑心是在指桑骂槐，那就更有点难受了。"他对鲁迅特别苛求，在学堂里考了第二名，也要挨骂。曹聚仁认为，鲁迅的骂人，有其乃祖遗风，也与绍兴盛产师爷不无关系。师爷和黄酒，是绍兴的两大特产。

然而周福清对孙辈的学习却很关心和讲究。他指导鲁迅读书，由《鉴略》到《诗经》再到《西游记》……都比较对小孩子的胃口。对"四书""五经"则并不作特别强调。这对少年鲁迅自由阅读、杂学旁收打下扎实的文史根底，无疑起了正面作用。他还具体指示鲁迅学诗的门径："初学先诵白居易诗，取其明白易晓，味淡而永。再诵陆游诗，志高词壮，且多越事。再诵苏诗，笔力雄健，辞足达意。再诵李白诗，思致清逸。如杜之艰深，韩之奇崛，不能学亦不必学也。"

不过鲁迅自己真正喜欢的唐宋名家，唯有李贺。

鲁迅六岁由叔祖周玉田开蒙，进周氏自设私塾读书。后来被送到绍兴城内有名的"三味书屋"，师从寿怀鉴老先生。他除在课堂上遍读"十三经"外，自己私下还喜欢读小说，看画谱，并逐渐养成了影描书上插图、整段整

三味书屋内景。 三味书屋是绍兴城的一所私塾，离周家台门不远。 鲁迅 12 岁到这里读书。

三味书屋外景。"出门向东不上半里，走过一道石桥，便是我的先生的家了。"（鲁迅《从百草园到三味书屋》）

本抄录杂书的爱好。

他看了大量杂书，大开眼界，对绘图和草木虫鱼之类尤其爱读。鲁迅后来在美术方面具有浓厚的兴趣、精湛的见解和不同寻常的鉴赏，其来有自。他最爱看的《花镜》，是一部绘图的植物书。后来在表哥处看到《毛诗品物图考》，印制精美，引发了他日后的买书兴趣。最感好奇的是一向带他的女工长妈妈设法为他买来的四本小小的《山海经》，里面画着人面的兽、九头的蛇、三脚的鸟、一脚的牛、袋子似的帝江、生着翅膀的人、没有头而"以乳为目、以脐为口，执干戚而舞"的刑天……这大大激发了鲁迅本来就丰富奔放的想象力。对最早得到的一本"下图上说，鬼少人多"的《二十四孝图》，则认为不近人情，扫兴乃至反感。比照鲁迅对待母亲的态度和他对嵇康、阮籍的相关评价，这是很有意味的。

除了读书好学，搜读了自己家里和亲友家里所能找到的一切感兴趣的读物外，少年鲁迅还活泼好动，机灵顽皮，爱开玩笑，喜欢作弄人，赶"赛会"，看"社戏"，与少年闰土交朋友、玩游戏、堆雪人……不亦乐乎。至于百草园，更曾是他儿时的乐园。他对此作过生动的追记：

> 我家的后面有一个很大的园，相传叫作百草园。现在是早已并屋子一起卖给朱文公的子孙

了，连那最末次的相见也已经隔了七八年，其中似乎确凿只有一些野草；但那时却是我的乐园。

不必说碧绿的菜畦，光滑的石井栏，高大的皂荚树，紫红的桑椹，也不必说鸣蝉在树叶里长吟，肥胖的黄蜂伏在菜花上，轻捷的叫天子（云雀）忽然从草间直窜向云霄里去了，单是周围的短短的泥墙根一带，就有无限趣味。油蛉在这里低唱，蟋蟀们在这里弹琴。翻开断砖来，有时会遇见蜈蚣，还有斑蝥，倘若用手指按住它的脊梁，便会啪的一声，从后窍喷出一阵烟雾。何首乌藤和木莲藤缠络着，木莲有莲房一般的果实，何首乌有臃肿的根。

有人说，何首乌根是有象人形的，吃了便可以成仙，我于是常常拔它起来，牵连不断地拔起来，也曾因此弄坏了泥墙，却从来没有见过有一块根象人样。如果不怕刺，还可以摘到覆盆子，象小珊瑚珠攒成的小球，又酸又甜，色味都比桑椹要好得远。长的草里是不去的，因为相传这园里有一条很大的赤练蛇。……

生活充满阳光，前途似乎一片光明。

风云突变，天突然坍塌了，命运之神倏然展露出狰

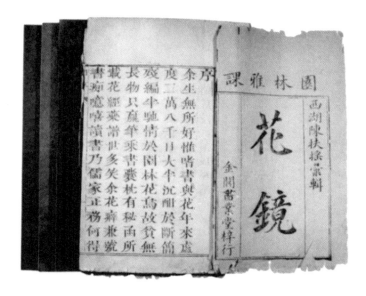

《花镜》，[清]陈淏子著，记述花木栽培的书籍。书内有鲁迅的批注。

本家的一位老人告诉鲁迅，有一部叫《山海经》的书上画有很多怪物，很有趣，鲁迅极想得到。后来保姆长妈妈设法为他买来。

鲁迅从小培养了养花的兴趣，尤其喜爱梅花，刻有闲章"只有梅花是知己"。这是他抄录的会稽童钰作《二树山人写梅歌》。

狞的一面，少年鲁迅开始面对他一生中最先遭受的一连串打击。

家庭之事，对鲁迅影响最大的，约有四端。其中兄弟反目和与许广平同居，属于后期，具体情形可参看前文第七、八两章。发生在少年时期的，则是祖父的官司和父亲的病。

1893 年，丁忧在籍的周福清卷入一场乡试舞弊案。东窗事发后，先跑到上海躲避，见不是头，只得回到绍兴府会稽县投案自首。刑部拟处"杖一百，流三千里"，光绪皇帝认为科场舞弊案事关国体，必须重惩，以儆效尤，在 1894 年 1 月 31 日亲下谕旨："周福清着改为斩监候，秋后处决。"这成为轰动一时的"钦案"。

作为一家的顶梁柱，周福清一下子由朝廷命官变成待决囚犯，性命难保。家庭的社会地位一落千丈，经济状况也急剧恶化。周家只得一方面不断变卖产业，想方设法试图营救，一方面立即送孩子离家避难，以躲避可能发生的株连。转眼间，家里"几乎什么也没有了；我寄住在一个亲戚家里，有时还被称为乞食者"，受到强烈刺激。

1927 年，鲁迅在广州，有青年学生问他"为什么憎恶旧社会"时，他这样回答："我小的时候，因为家境好，人们看我像王子一样，但是，一旦我家庭发生变故后，人们就把我看成叫花子都不如了，我感到这不是一个人住的社会，从那时起，我就恨这个社会。"

祸不单行。1894 年冬天，周凤仪突然大口吐血。延请当地名医治疗，诊金昂贵，却连病症也未能确认。为了救人和治病，只得变卖田地和首饰，后来甚至经常典当衣物，家道更趋衰落。作为长子，十三岁的鲁迅用他稚嫩的肩膀开始承担家务。这年正值中日甲午战争，中国海战、陆战先后失利。国事家事，事事扰心。鲁迅一定觉得，这一年的冬天这一年的雨季，特别的冷特别的长。他后来沉痛地回忆说：

　　我有四年多，曾经常常，——几乎是每天，出入于质铺和药店里，年纪可是忘却了，总之是药店的柜台正和我一样高，质铺的是比我高一倍，我从一倍高的柜台外送上衣服或首饰去，在侮蔑里接了钱，再到一样高的柜台上给我久病的父亲去买药。回家之后，又须忙别的事了，因为开方的医生是最有名的，以此所用的药引也奇特：冬天的芦根，经霜三年的甘蔗，蟋蟀要原对的，结子的平地木，……多不是容易办到的东西。然而我的父亲终于日重一日的亡故了。

周凤仪去世时，鲁迅的十五周岁生日才刚过去几

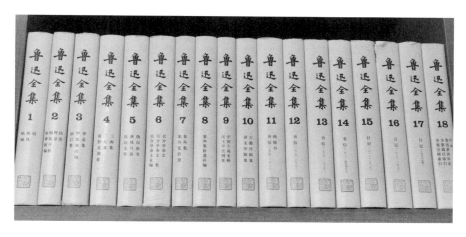

《鲁迅全集》书影（人民文学出版社 2005 年版）。

天——"有谁从小康人家而坠入困顿的么，我以为在这途路中，大概可以看见世人的真面目"。

九天九地，滋味遍尝。兀傲倔强，黯然自伤。孤儿寡母，生计艰难。举目四顾，行将焉往？

我渐至于连极少的学费也无法可想；我底母亲便给我筹办了一点旅费，教我去寻无需学费的学校去，因为我总不肯学做幕友或商人，——这是我乡衰落了的读书人家子弟所常走的两条路。

三十六计，走为上策。那么，走吧，"走异路，逃异地，去寻求别样的人们"。

1898年5月，鲁迅离开绍兴到南京，考入江南水师学堂读书，后改入南京矿路学堂，继续求学。

我的母亲没有法，办了八元的川资，说是由我的自便；然而伊哭了，这正是情理中的事，因为那时读书应试是正路，所谓学洋务，社会上便以为是一种走投无路的人，只得将灵魂卖给鬼子，要加倍的奚落而且排斥的，而况伊又看不见自己的儿子了。然而我也顾不得这些事，终于到N去进了K学堂了，在这学堂里，我才知道世上还有所谓格致，算学，地理，历史，绘图和体操。生理学并不教，但我们却看到些木版的《全体新论》和《化学卫生论》之类了。

在南京学习期间，鲁迅开始接触到西方及日本科学、哲学、文学方面的著作，经常翻阅《时务报》等宣扬新思想的报刊，阅历、思想和知识储备都上了一个新台阶。这主要得益于课外阅读。

当时，国内形势正面临"数千年来未有之变局"，山雨欲来风满楼。

在这个大变革、大时代的前夜，青年鲁迅做好准备了吗？他将把自己造化成怎样一个角色呢？

数十年后，皇皇数百万言的十余册《鲁迅全集》，就是最好的回答。

血沃中原肥劲草

1936 年 10 月 19 日凌晨，鲁迅在上海病逝，终年五十六岁。

鲁迅逝世后，最让梁某关注的，并非他的遗体覆盖"民族魂"旗帜的不世盛誉，也不是《大公报》短评引发的轩然大波，而是陈独秀第二年 11 月 21 日发表在《宇宙风》的一篇短文《我对于鲁迅之认识》。陈独秀写道：

> 世之毁誉过当者，莫如对于鲁迅先生。
>
> 鲁迅先生和他的弟弟启明先生，都是《新青年》作者之一人，虽然不是最主要的作者，发表的文字也很不少，尤其是启明先生；然而他们两位，都有他们自己独立的思想，不是因为附和《新青年》作者中那一个人而参加的，所以他们的作品在《新青年》中特别有价值，这是我个人

的私见。

　　鲁迅先生的短篇幽默文章，在中国有空前的天才，思想也是前进的。在民国十六七年，他还没有接近政党以前，党中一班无知妄人，把他骂得一文不值，那时我曾为他大抱不平。后来他接近了政党，同是那一班无知妄人，忽然把他抬到三十三天以上，仿佛鲁迅先生从前是个狗，后来是个神。我却以为真实的鲁迅并不是神，也不是狗，而是个人，有文学天才的人。

　　……

　　这位老文学家终于还保持着一点独立思想的精神，不肯轻于随声附和，是值得我们钦佩的。

　　陈独秀独具只眼力排众议，可谓是鲁迅生前身后的知己。

　　星移斗转，岁月如梭。转眼间，整整七十年过去了。神州大地和我们安身立命的这个地球，都发生了翻天覆地的变化。

　　血沃中原肥劲草，百年淬厉电光开。

　　鲁迅是中国现代思想史和文学史上最重要的人物。作为"具有巨大思想深度的伟大文学家"，鲁迅不惟对中国社会、历史、现实、文化、国民性和民族性的认识具有惊人的深刻性和前瞻性，达到了时人望尘莫及的水平，而且富有人格魅力和道义力量。鲁迅的思想与文字，在力和美之中夹杂着怒和梦，"汪汪若千顷之波，澄之不清，淆之不浊，不可量也"，代表了一个时代的精神和美学高度。鲁迅著作是20世纪遗留给后人极为宝贵的财富，一代又一代的知识分子和青年源源不断地从他身上获取过并将继续获取无尽的教益。美国学者亨廷顿认为，那些丢弃自身传统的民族，必将成为"无所适从的国家"；而"无所适从"——也就是迷失了自己灵魂的民族，是注定没有前途的。

真实的鲁迅只有一个。无论出于什么目的及用心蓄意将鲁迅异化，都是一种背离本真的歪曲，都是荒唐可嗤、不足为训的，也终将是徒劳的。时至今日，不少人还抱着类冷战思维，非此即彼，要么将鲁迅视为神圣，要么骂鲁迅一钱不值。学者中也一分为二，泾渭分明。偶有执中持平者，但非常少见。

真正要认识鲁迅、了解鲁迅、学习鲁迅、超越鲁迅，唯一正确的方法就是直接去读鲁迅本人的文本，在拥有充分的认知后得出自己的判断和结论。所有第二手的东西（包括拙文），可资参考，但都不足凭信。对鲁迅这样一个巨大的存在缺少最起码的真切了解而贸然不负责任地道听途说信口雌黄，只能是"枉与他人作笑谈"。

与其他杰出人物一样，无论是知识、思想还是性格、行为，鲁迅亦有他的先天不足和后天缺陷，他没有也不可能穷尽一切思考并提供出一份完美无缺包医百病让人照本宣科的答案。这是无待烦言的。

不无遗憾而发人深思的是：鲁迅生前希望自己的作品与时弊一起"速朽"，他这一愿望看来是落空了。他的众多文字，常读常新，看上去简直就像今日时评的不在少数。

回顾历史，接近这些刚劲强健的灵魂，重温他们的思考和选择，是写作本书的初衷之一。目前各式各样的讨论，在理论上往往未能超越 20 世纪前期先贤思想之范围，深度和广度甚至常常不能及。不少议论都是矮人看场，人云亦云，隔靴搔痒，似是而非。看多了这样的争论，越发感到重新阅读、了解、思考、认识前辈的必要。检讨和反思他们对现实的态度和道路的选择，也许会给人们在当今时势下如何有所作为提供更多有益的启示。

> 巍巍鲁迅，百年头牛。
> 雄深雅健，岳峙江流。
> 所不朽者，垂万世名。
> 孰谓公死？凛凛犹生！

最后，请允许我引用朱正的一段话，作为对鲁迅的终极评价，并借此结束本文：

　　鲁迅几百万字的遗著，其中很大一部分必将永远受到读者的喜爱，后世读者将以一种赞叹和欣赏的态度阅读它。有一部分时过境迁，不再使人感到兴趣。更有若干篇在写作的当时就并不正确，就更只能作为一种研究资料保留下去了。比起文章来，更重要的是鲁迅这个人，他的入世的态度，他的爱国心和正义感，他对强暴的反抗和对弱者的同情，他为了中国进步不懈的努力，他身上那种中国优秀知识分子的传统的骨气，用他自己的话说，"这就是中国的脊梁"。他作为中国知识分子的楷模，这形象，这精神，必将永世长存。

2006 年 10 月 19 日凌晨初稿，
时值鲁迅先生逝世七十周年纪念日
2008 年 6 月 4 日改定
2021 年 4 月 11 日修订
2024 年 3 月 31 日校毕

附录 1

前 村 无 路 凭 君 踏 [①]

浮云世事改，流水十年间。

机缘巧合，十年前，一向好读书却从来不曾舞文弄墨的我，一气写下五篇关于蔡锷、林彪、张季鸾、陈寅恪、鲁迅（按写作及发表顺序排列）的长文，在天涯社区首发，随后广为流布，获得不少虚誉。当时，正欲创办《读库》，江湖人称老六的张立宪见猎心喜，辗转找到我，想拉我为首义英雄，将之刊布。两人接上头，很快发现谊属同类，一拍即合。后来，《读库》先后刊发了关于张季鸾、陈寅恪的两篇，《读书文摘》等多家报刊转发。网络之外，影响开始及于平面媒体。第一次总是令人难忘的。后来，每逢有人问我写作的起点和来由，我一概回答：天涯，《读库》。

① 2016 年上海三联书店版《孤独者鲁迅》自序。

接下来就轮到出版界的朋友们忙活了。2008 年 11 月，《百年五牛图》由广西师范大学出版社推出，策划龙子仲、责编邹湘侨不惮烦难，为此做出了极可感佩的努力。书出来后，《广州日报》跨年度连载了一个多月。有位不知名的朋友在豆瓣留言说，期待十年之后，能看到梁兄此书的全璧……凡此种种，让我有一种莫名的感动。

时光荏苒，版权到期，可以出新版了。出版界的朋友们又忙活起来。至于怎么做，则各有路数，众说纷纭。

这时，新锐出版人周青丰提出：是否换种思路，要不干脆将它拆分？

他具体建议，鲁迅篇长达十来万字，是一部精彩别致气足神完的传记，完全可以独立成书；初版因种种原因，印制上比较粗疏，存在不小改善的空间。其他部分另说。他请我将全文修订一过，自告奋勇负责具体操刀。

青丰是我的老朋友兼小兄弟，与我分别在商务印书馆、中信出版社、上海三联书店合作出版过《梦想与路径》、"梦路书系"、"视野书系·书坊"等好几个重要项目，彼此熟悉、了解、信任。他年龄不大，职业经历却非常完整，大局感上佳，把握细节的能力尤为优异，对出版业整体流程有浓厚兴趣和深刻感悟，书也做得很漂亮。这厮说得头头是道，貌似饶有新意。我想，那么，不妨一试，换个玩法。于是便有了这本书。

当初打算写这组文章时，最小偏怜的外甥女芊芊刚上武汉大学读本科。她建议："舅舅，你最好将鲁迅这篇放到最后写。"我问为什么，小家伙回答："人物太复杂，头绪太多，太难写。"

伍恒山（时任江苏文艺出版社第三编辑室主任）则认为陈寅恪、鲁迅这两头牛都实在不好写，很可能吃力不讨好，建议我放弃。他提议以已完稿的三篇为蓝本，补充完善，出一套系列图文本。如我同意，他立马上报选题，估计不难顺利通过，随后便可以开始合作，先操作"蔡锷篇"。

经过反复考量，也征求过几位朋友的意见，结果，我婉谢了老伍的好意，原计划不变。我想，既然在天涯的闲闲书话、煮酒论史和关天茶舍三大论坛，《百年五牛图》的牌子已经同时亮出，还是心无旁骛、一气呵成比较好。出版之类事务，属于技术性问题，不妨在全稿完成之后，再作计较。敲点字玩，纯属偶然，全凭兴趣，什么时候能写完，无法预料。而一旦注意力和兴趣点转移，或许就永远没有完成全璧的兴趣和机缘了。我将自己的想法坦率地知会了各位朋友，大家都表示理解。

回想起来，定力、预判，还有不信邪、执行力和层次感，至关重要。成如容易却艰辛。起始阶段，任何一个环节出了问题，就会一事无成。欣慰的是，终于写出来了。托马斯·曼说得好：写出就是永恒。

岁月流逝，我对鲁迅其人其文的认识，并无改变，甚至越来越喜欢。作为李泽厚心目中"具有巨大思想深度的伟大文学家"，鲁迅对我的影响是深刻、持久、全方位、无可替代的。芸芸众生中，他是一个特立独行的孤独者，一名十足的另类，一位真正的超人。苦闷、忧伤、寂寞、空虚的时候，鲁迅的作品，对我有不可替代的启发性和振拔作用。我喜欢并感激他，但并不唯他是从。我有自己的尺度、判断和选择。我愿意多交朋友，不入圈子，独立，"横站"。视野应该开阔，目接千里。胃口不妨杂沓，兼容并包。

《三国演义》开篇即是：话说天下大势，分久必合，合久必分。将《百年五牛图》拆分，始有本书。那么，会有终成全璧的那一天吗？我想，起码，有希望吧。

鲁迅写道："希望是本无所谓有，无所谓无的。这正如地上的路：其实地上本没有路，走的人多了，也便成了路。"

骆玉明说："梦代表希望；而希望，无论它多么虚妄，终究是我们存活于此世间的唯一理由。"

忽然又想起遇罗克的诗：

千里雪原泛崇光，
诗情人意两茫茫。
前村无路凭君踏，
路亦迢迢夜亦长。

2016 年 8 月 6 日凌晨，
夏历丙申猴年立秋前一日，
梁由之记于深圳天海楼。

附录2

欲说当年好困惑 ①

悠悠岁月，欲说当年好困惑。

《关于鲁迅》位列《百年五牛图》之首，却是最晚动手、最后完成的，写作时间差不多拖了十个月之久。付梓前又修订一过，于2008年9月6日凌晨定稿。

2005年底，羽戈、羲子约我为关天茶社写篇新年贺辞。我不习惯写这类文字，即予婉却。但又有点过意不去。于是决定提前开敲《百年五牛图之一：关于鲁迅》并在关天首发，算是用实际行动有所表示吧。说干就干。12月28日，《关于鲁迅》开篇。

2006年10月19日，是鲁迅先生逝世70周年纪念日。虞渔、石地等人计议届时筹办一个网上纪念专辑，拟用本文作为头条，一再催促我加速竣工。10月19日凌晨，

① 2016年上海三联书店版《孤独者鲁迅》后记。

《关于鲁迅》终于如期完稿，大家都松了一口气。这个名为"民族精魂暗夜丰碑"的专辑做得非常用心，影响很大，被誉为"天涯社区最成功的专题策划之一"。曾几何时，石地、虞渔先后离开了天涯，各奔东西。回念前事，不由感慨系之。

写鲁迅不会轻松，在准备阶段就有自觉。或许可以说，另四牛加起来，也抵不上写头牛这么吃力。作为"具有巨大思想深度的伟大文学家"（李泽厚语），鲁迅实在太大，关于他的言说实在太多，关于他的误解实在太深太重。长期以来，因为种种原因，鲁迅先是被革命化、神圣化、工具化，被奉上圣坛，凛然不可侵犯；后来又被妖魔化、小丑化、侏儒化，仿佛他从前是个神，现在是个狗，从一个极端走向另一个极端，从一个坑掉进另一个坑，一再"毁誉过当"（陈独秀语），使其真实面目蒙上了层层烟雾，显得模糊不清。这些做法或左或右，其为"无知妄人"所为则一。现在后一种比较多见。

仅举一例，以概其余。迄今仍有所谓"自由主义知识分子"对鲁迅"反对报复、主张宽容的人，万勿和他接近"不以为然，甚至以此认定他心胸狭窄，人格缺陷明显；对"一个都不宽恕"大加诟病的各色人等更是大有人在。让我不解的是，这些人怎么对"损着别人的牙眼"和"让他们怨恨去"这两个极为重要的前提条件视而不见呢？鲁迅墓木已拱，这些人不是仍然在不遗余力地"损着别人的牙眼"而充满"怨恨"吗？何尝有丝毫"宽容"、"宽恕"？

真实的鲁迅只有一个。无论出于什么目的及用心蓄意将鲁迅异化，都是一种背离本真的歪曲，都是荒唐可嗤、不足为训的。也终将是徒劳的。真正要认识鲁迅，了解鲁迅，学习鲁迅，超越鲁迅，唯一正确的方法就是直接去读鲁迅本人的文本，在拥有充分的认知后得出自己的判断和结论。所有第二手的东西（包括拙文），可以参考，但都不足凭信。对鲁迅这样一个巨大的存在缺少最起码的真切了解而贸然不负责任地道听途说信口雌黄，只能是"枉与他人作笑谈"。

能写出些许趣味和新意，描绘出自己心目中春温秋肃独步千古的鲁迅吗？委实没有把握。其间有些私事烦扰，又数度出游，加上世界杯……这些叠加起来，曾让我一度兴味索然，甚至对敲点文字究竟有无意义和必要产生深刻怀疑。刨一个巨坑撂在那儿不管不顾，使之成为一座烂尾楼，几近成为事实。细心的朋友或会注意到，第八章《有弟偏教各别离》与第九章《心事浩茫连广宇》之间，其间居然相隔了四个多月，而且有点文气不接。

克服自身情绪的干扰和外部困难的阻力，终戎全璧，首先在于鲁迅本身巨大的吸引力与感召力，使人欲罢不能。

其次，得力于朋友们一以贯之的支持、理解和帮助，在某种意义上，是热情宽厚而富有睿见的朋友们与我一起完成了它。此外，本人做事一向谋定后动有始有终期在必成的习惯大概也起了一定作用。

玩票敲点文字，除了要求有意思、有趣味外，梁某一向还追求一种"文本的自觉"，力求在表现形式上别具一格有所创新。

关于鲁迅，头绪之多，事端之繁，一望而知。我不避烦难，采用了倒叙的写法，由鲁迅的死写到他的生，"向死而生"，纵横开阖，收放有度。这也许还是首创。全文十六章，全部选用诗词成句作标题，其中鲁迅的十一句，陆游两句，杜甫、龚自珍、王国维各一句，也被一些朋友称许为"别致、警策而切题"。

需要说明的是，限于时间、篇幅、水平及当今语境，若干有意思的话题只能是蜻蜓点水，未予展开。有的甚至压根没有涉及。奈何奈何。

本文贴出后，得到不少朋友谬赏，反响很大，流布甚广。以下摘录几则资料，俾使略见一斑：

1. 梁兄努力客观平静叙述，然到高处，仍可见性情，这一点性情与文中之言浓淡相宜，（天涯社区：夏虫语冰钦）

2. 这是时下评鲁迅的文章里，我喜欢的一篇。有才情，有激情，有见识，不卖弄。虽然作者极力做持平之论，但态度仍然极其鲜明。（百蹊助学网：了了）

而长期关注网络鲁迅研究的葛涛博士在他的论文《"网络鲁迅"的第二个高潮—2006 年的"网络鲁迅"回顾与评析》（原载《北京科技大学学报 [社会科学版]》2007 年第 4 期）中写道：

2005 年 12 月 28 日，网友梁由之在"天涯社区·关天茶社"发表的《关于鲁迅》一文中宣布自己开始写作《关于鲁迅 (百年五牛图之一)》的系列文章，这是他计划撰写的《百年五牛图》的最后一个"牛"，此前他已经写完了《百年五牛图》(之二：蔡锷；之三：张季鸾；之四：陈寅恪；之五：林彪) 的写作，并在中文网络中引起了较大的反响。梁由之向网友介绍了自己的写作提纲：一、岂有豪情似旧时 (开篇)；二、身后是非谁管得 (身后毁誉)；三、老归大泽菰蒲尽 (与左联及国共两党的关系)；四、怒向刀丛觅小诗 (与青年作家的关系)；五、风波浩荡

足行吟 (鲁迅在上海，关于经济)；六、送客逢春可自由 (鲁迅与自由主义)；七、以沫相濡亦可哀 (婚姻、家庭)；八、有弟偏教各别离 (与周作人的关系及其相互影响)；九、心事浩茫连广宇 (鲁迅的思想、性格)；十、偶开天眼觑红尘 (关于文学创作)；十一、高丘寂寞竦中夜 (创作准备期)；十二、谁令骑马客京华 (鲁迅在北京，公务员时期。与许寿裳、蔡元培等人的关系)；十三、故乡如醉有、荆榛 (在绍兴；教员生涯)；十四、扶桑正是秋光好 (鲁迅在日本，早期的阅读、创作和思想)；十五、少年哀乐过于人 (时代，故乡，家族，环境，少年时期)；十六、血沃中原肥劲草 (结尾)。1 月 1 日，该文的第二章"身后是非谁管得"作为祝贺网友新年的礼物发表在"关天茶社"，引起了众多网友的关注。在一些网友鼓励同时也有一些网友质疑的情况下，梁由之克服种种困难，终于在 10 月 19 日写完全文，为纪念鲁迅逝世 70 周年献上了一份厚礼。

梁由之在文章最后特别介绍了自己撰写此文的目的："回顾历史，接近这些刚劲强健的灵魂，重温他们的思考和选择，是写作《百年五牛图》的初衷之一。目前各式各样的讨论，在理论上往往未能超越20世纪前期先贤思想之范围，深度和广度甚至常常不能及。不少议论都是矮人看场，人云亦云，隔靴搔痒，似是而非。看多了这样的争论，越发感到重新阅读、了解、思考、认识前辈的必要。检讨和反思他们对现实的态度和道路的选择，也许会给人们在当今时势下如何有所作为提供更多有益的启示。"可以说，梁由之在文章中不仅在一定程度上实现了自己的目的，而且也影响到一批网友像他那样重新认识历史名人，从历史汲取经验。

这篇长文虽然没有按照时间顺序来描述鲁迅的一生的重要经历，但也较为全面地描述出鲁迅一生的主要活动，在某种程度上也可以视为一部鲁迅传，而且也可以说中文网络中出现的第一篇从自由主义立场出发撰写的鲁迅传记。需要指出的是，作者不仅对鲁迅的生平史实非常熟悉，而且能够较为全面地评述鲁迅的活动，这显示出作者在鲁迅研究方面已经具有较高的研究水平。不过，因为该文是作者断断续续地写成的，而且作者在后期为了赶在鲁迅逝世纪念日之前完成，所以该文不可避免的存在一些小问题，如后面的几章就略嫌仓促，没有前几章写得那样扎实。但是，这些小毛病无损于该文成为 2006 年中文网络中关于鲁迅的最有影响的文章。另外，该文也可以说是"网络鲁迅"发展史上第一篇由众多网友参与互动而写成的长文，从这篇长文中可以看出，梁由之在写作本文的过程中基本上是从自由主义立场出发去描述鲁迅，虽然他也通过与网友的交流不断修正自己的观点，努力使自己的描述更加客观，但在真实、客观地描述出真实的鲁迅形象方面仍存有距离。

……

俱往矣。

2009 年 9 月 16 日初稿，
2010 年 3 月 26 日定稿，
2016 年 8 月 3 日略予修订。

图书在版编目（CIP）数据

高丘过客 : 孤独者鲁迅 / 梁由之著 . — 沈阳 : 辽宁人民出版社 , 2024.6
（回顾丛书）
ISBN 978-7-205-11060-4

Ⅰ . ①高… Ⅱ . ①梁… Ⅲ . ①鲁迅（1881-1936）—传记 Ⅳ . ① K825.6

中国国家版本馆 CIP 数据核字 (2024) 第 057805 号

出版发行：辽宁人民出版社
　　　　地址：沈阳市和平区十一纬路 25 号　邮编：110003
　　　　电话：024-23284325（邮购）　024-23284300（发行部）
　　　　http://www.lnpph.com.cn
印　　刷：天津光之彩印刷有限公司
幅面尺寸：140mm×205mm
印　　张：8
字　　数：142 千字
出版时间：2024 年 6 月第 1 版
印刷时间：2024 年 6 月第 1 次印刷
责任编辑：娄　瓴
装帧设计：今亮後聲 HOPESOUND 2580590616@qq.com · 张今亮　王非凡
责任校对：吴艳杰
书　　号：ISBN 978-7-205-11060-4
定　　价：40.00 元